Menschen mit Behinderungen

Anne Voss
Monika Hallstein (Hg.)

Menschen mit Behinderungen

Berichte, Erfahrungen,
Ideen zur Präventionsarbeit

Pamela Bauer
Angela Fumagalli
Monika Hallstein
Gabi Jeuck
Gabriele Knapp
Sigrid Kwella
Esther Simon
Anne Voss
Aiha Zemp

Redaktion: Anne Schütte

Donna Vita

Die Deutsche Bibliothek – CIP-Einheitsaufnahme
Menschen mit Behinderungen : Berichte, Erfahrungen, Ideen zur Präventionsarbeit / Anne Voss ; Monika Hallstein (Hg.) und Pamela Bauer ... – Dt. Orig.-Ausg., 1. Aufl. – Ruhnmark : Donna Vita, 1993
(Schriftenreihe sexueller Mißbrauch ; 5)
ISBN 3-927796-22-0
NE: Voss, Anne [Hrsg.]; Bauer, Pamela; GT

Postfach 5
D-2395 Ruhnmark 11

1. Auflage 1993

Gestaltung und Satz: Dagmar Schadenberg, Berlin
Druck: Clausen & Bosse, Leck

Inhalt

Vorbemerkung des Verlages

Die Arbeit an diesem Band der Schriftenreihe war vielfachen Veränderungen unterworfen. Wir begegneten immer wieder Schwierigkeiten, diesen äußerst sensiblen Bereich sexueller Gewalt an die Öffentlichkeit zu bringen.
Der uns bei den Recherchen vermittelte Eindruck, daß hierüber nur „hinter vorgehaltener Hand" gesprochen wird, am besten aber gar nicht, erwies sich als das größte Problem. Dieses zeigte sich gerade bei jenen, denen die Sorge um und für Menschen mit Behinderungen übertragen ist. Es gab Bedenken, sich durch offenes Reden oder gar Schreiben bei den KollegInnen unbeliebt und angreifbar zu machen. In stärkerem Maße, als wir das sonst erlebt haben, gab es auch die Furcht, jemanden unrechtmäßig zu beschuldigen. Gleichzeitig zeigte sich in aller Deutlichkeit das Machtgefüge, in dem die Betreuung von Menschen mit Behinderungen erfolgt – und wie diese ausgenutzt wird, um das eigene Gewaltverhalten zu decken.
Um so wichtiger ist es, daß dokumentiert wird, wie und gegen wen hier sexuelle Gewalt eingesetzt wird. Wir danken in diesem Zusammenhang Anne Voss für die Anregung zu diesem Band. Sie hat nicht nur eigene Recherchen geführt und Beiträge geschrieben, sondern auch gemeinsam mit Monika Hallstein weitere Autorinnen gewonnen, die nun hier zu Wort kommen.
Der größte Teil der Texterfassung wurde von Anne Schütte geleistet, in deren Hand auch die redaktionelle Bearbeitung lag. Vielen Dank für die umsichtige Arbeit, vor allem in der hektischen Zeit der Endredaktion.
Im Laufe hitziger Diskussionen tauchten immer wieder verschiedene Bezeichnungen für Menschen mit Behinderungen auf. Daraus erwuchs der Wunsch, eine Frau aus eigener Betroffenheit Stellung zur Terminologie nehmen zu lassen, denn Begriffe wie Behinderte, Menschen mit Behinderungen, behinderte Menschen etc. sind problematisch und bergen die Gefahr von Diskriminierung. Auf eine Vereinheitlichung der einzelnen Artikel haben wir dennoch verzichtet und die individuelle Wortwahl respektiert.
Wir hoffen, mit diesem Buch die Diskussion dieses vernachlässigten Themas ins Licht der Öffentlichkeit zu rücken, die gefordert ist, zu sehen und zu handeln.

Ruhnmark, im April 1993 *Marion Mebes*

Vorwort

Vorurteile und Mythen bewirken, daß sexueller Mißbrauch an Menschen mit Behinderungen nicht als Realität wahrgenommen wird: Viele Menschen – auch Menschen mit Behinderungen selbst – glauben, daß Behinderte von sexueller Gewalt nicht betroffen seien. Häufig wird angenommen, sie seien vor Verletzungen geschützt, weil sie aufgrund ihres Handicaps Mitleid erregen, oder daß Mißbraucher Menschen mit Behinderungen als unattraktiv betrachten und von daher Übergriffe unterbleiben. Andere finden den Gedanken, daß auch Behinderte sexuelle Gewalt erfahren, so schockierend, daß sie zu einer sachlichen Auseinandersetzung mit dieser Thematik nicht in der Lage sind.

Für den deutschsprachigen Raum liegen keinerlei Untersuchungen und Statistiken über das Ausmaß sexueller Ausbeutung von Menschen mit Behinderungen vor, doch nordamerikanische Studien weisen nach, daß es sich hierbei um ein verbreitetes Phänomen handelt: Dem *Seattle Rape Relief Developmental Disabilities Project* und dem *Sexual Assault Center im Harborview Medical Center* wurden im Zeitraum von Juli 1978 bis Juli 1979 über 400 Fälle sexuellen Mißbrauchs an Kindern und Erwachsenen mit Behinderungen in King County, Washington, berichtet. Eine Studie der *United Handicapped Federation* dokumentiert über einen Zeitraum von 15 Monaten 60 Fälle körperlicher und sexueller Übergriffe gegen Menschen mit Behinderungen in Minneapolis, Minnesota.*

Menschen mit Behinderungen stehen in einem besonders starken Abhängigkeitsverhältnis zu ihren Betreuungspersonen. Kinder und Jugendliche mit Behinderungen sind noch ohnmächtiger und werden in ihren Rechten noch mehr eingeschränkt als nichtbehinderte Mädchen und Jungen. Das Angewiesensein auf körperliche Hilfestellungen in alltäglichen, oft intimen Belangen (z.B. beim Essen, Telefonieren, Baden, An- und Auskleiden oder bei den Toilettengängen) kann leicht sexuell ausgenutzt werden.

* Siehe Bonnie O'Day u.a. (1983): *Preventing Sexual Abuse of Persons with Disabilities – A Curriculum for Hearing Impaired, Physical Disabled, Blind and Mentally Retarded Students*, Santa Cruz, Kalifornien, S. 3.

Wehren sich die Betroffenen, müssen sie unter Umständen damit rechnen, daß sie in bezug auf die Erfüllung dieser elementaren Bedürfnisse warten gelassen, grob behandelt oder unter Druck gesetzt werden. Darüber hinaus sehen sich Menschen mit einer geistigen Behinderung mit der Schwierigkeit konfrontiert, noch weniger ernst genommen zu werden als Nichtbehinderte, wenn sie Gewalterlebnisse mitteilen. Ihnen wird unterstellt, daß sie überhaupt nicht in der Lage seien, derartige Vorfälle zu verstehen, und aufgrund dessen gelten ihre dahingehenden Äußerungen als bedeutungslos. Haben sie zusätzlich gravierende sprachliche Schwierigkeiten, teilen sie sich möglicherweise nur ein einziges Mal einer Vertrauensperson deutlich mit und sind nicht bereit, ihre Äußerungen später zu wiederholen. Die Vertrauensperson, die hier hinsichtlich der Mißbrauchserlebnisse Hilfe und Unterstützung anbieten möchte, wird mit der Skepsis ihrer KollegInnen kämpfen müssen.
Sexueller Mißbrauch durch Betreuungspersonal unterliegt einem besonderen Geheimhaltungsgebot, da der „gute Ruf" der Einrichtung als gefährdet betrachtet wird, wenn diese Vorfälle öffentlich bekannt werden.
Obwohl diese Thematik also besonders stark tabuisiert wird, werden in vielen Sonderschulen, Rehabilitationszentren, Behindertenwerkstätten, -heimen oder -wohngruppen immer wieder Fälle sexueller Gewalt durch männliche Familienangehörige bzw. professionelle Betreuer an Menschen mit körperlichen und/oder geistigen Behinderungen bekannt.
Zahlreiche Mädchen und Frauen mit unterschiedlichen Behinderungen wenden sich an Wildwasser Berlin, um sich bei der Beendigung einer akuten Mißbrauchssituation Unterstützung zu holen oder um sich über sexuellen Mißbrauch in der Kindheit austauschen zu können. Im Zeitraum von Januar 1989 bis Juli 1990 haben sich 16 Mädchen in der Beratung gemeldet, die mit körperlichen oder geistigen Behinderungen leben. Das sind 7% von insgesamt 261 Beratungssuchenden in diesem Zeitraum. Die Mitarbeiterinnen von Wildwasser Berlin gehen davon aus, daß der Anteil professioneller Helfer unter den Mißbrauchern und Vergewaltigern groß ist.
Bei Pro Familia in Berlin finden im Arbeitskreis „Sexuelle Gewalt und geistige Behinderung" regelmäßig Diskussionen und Gespräche über diese Problematik statt. Im Rahmen einer bundesweiten Konferenz in Ulm und einer Fortbildung von Zartbitter in Köln fand hierzu bereits 1990 ein überregionaler Austausch statt, und während der Lesbenwoche desselben Jahres wurde über die

Bedeutung von sexuellem Mißbrauch für lesbische Frauen mit Behinderungen gesprochen. Auf dem Reha-Kongreß in Düsseldorf im Oktober 1991 wurde zum Thema „Vergewaltigung behinderter Frauen“ referiert.
Vor diesem Hintergrund soll mit dem vorliegenden Band eine vertiefende Diskussion zum Thema sexueller Mißbrauch an Menschen mit Behinderungen angeregt werden. Die einzelnen Beiträge wurden unter Mitwirkung von Betroffenen und Nicht-Betroffenen, von Professionellen und Nicht-Professionellen, von Behinderten und Nichtbehinderten zusammengetragen. In jedem Beitrag wird ein anderer Schwerpunkt gesetzt, wobei die Kernaussagen häufig identisch sind: Die Realität sexueller Ausbeutung an Menschen mit Behinderungen wird in persönlichen oder beruflichen Zusammenhängen wahrgenommen, doch in der Öffentlichkeit wird dieses Problem bis heute kaum zur Kenntnis genommen. Entsprechende Beratungs- und Therapieangebote für Betroffene fehlen, so daß zum jetzigen Zeitpunkt lediglich Forderungen für die Zukunft formuliert werden können.
Dieser Band liefert keine fertigen Konzeptionen und methodischen Leitlinien für die Berufspraxis. Ziel ist es vielmehr, ein Bewußtsein für Probleme und offene Fragen zu schaffen und die Diskussion darüber anzuregen.
Auf eine differenzierte Analyse einzelner Behinderungsformen wird bewußt verzichtet. Im Zusammenhang mit dem Thema sexueller Mißbrauch sind medizinische und behinderungsdiagnostische Fragen von marginaler Bedeutung. Es geht darum, zu verdeutlichen, daß Menschen mit einer Behinderung ebenso sexueller Gewalt ausgesetzt sind wie Nichtbehinderte. Im Vordergrund steht die gemeinsame Betroffenheit.

Wir bedanken uns herzlich bei allen Mitwirkenden für die von ihnen geleisteten Beiträge.

Berlin, im März 1993
Monika Hallstein und Anne Voss

Angela Fumagalli

Anmerkungen zur Begrifflichkeit

Bei der Überlegung und Diskussion um den „richtigen" Begriff geht es darum, Menschen nicht von vorneherein durch die Wortwahl zu stigmatisieren und damit auszugrenzen.
Für Menschen mit körperlichen, geistigen oder psychischen Behinderungen oder Beeinträchtigungen werden die unterschiedlichsten Bezeichnungen verwendet, z.B. „Praktisch Bildbare", „Sehgeschädigte", „Hörgeschädigte", „Körperbehinderte" und vieles mehr. Diese speziellen Benennungen können alle unter die folgenden drei Begriffe subsumiert werden: Behinderte, behinderte Menschen, Menschen mit Behinderungen.
Da insbesondere der erstgenannte Begriff, Behinderte, die Stigmatisierung der betroffenen Personen in den Vordergrund stellt, halte ich diese Bezeichnung für ungeeignet. Je nach Zusammenhang ist die Verwendung des Begriffes „behinderte Menschen" möglich, wenn z.B. von alten und jungen, behinderten und nichtbehinderten Menschen gesprochen wird.
Die Formulierung „Menschen mit Behinderungen" erachte ich als am sinnvollsten, da sie das Allgemeingültige des Menschseins am deutlichsten hervorhebt und am ehesten einer sachlichen Umschreibung entspricht.

Sexueller Mißbrauch an Menschen mit Behinderungen ist eine Realität – Interviews und Erfahrungsberichte

„Ich konnte ja nicht so einfach wegrennen ..."
Eine betroffene junge Frau im Gespräch mit Gabi Jeuck

Gabi Jeuck führte als Mitarbeiterin der Mädchenberatungsstelle von Wildwasser in Berlin das folgende Gespräch mit Sabine*, 19 Jahre. Sabine kam vor ca. drei Jahren in die Mädchenberatungsstelle, um Unterstützung bei der Aufarbeitung des erlebten sexuellen Mißbrauchs zu finden. Neben der Einzelberatung nahm sie auch an der angeleiteten Gruppe für Mädchen und junge Frauen teil. Diese Gruppe bietet den Teilnehmerinnen die Möglichkeit, mit anderen Mädchen und jungen Frauen, die ebenfalls sexuelle Gewalt erlebt haben, über ihre Erfahrungen und die Folgen des sexuellen Mißbrauchs zu sprechen. In der Gruppe spielen folgende Themen eine wichtige Rolle: Beziehungen, Vertrauen, Mütter, Gefühle gegenüber dem Mißbraucher, Gerichtsprozeß, Körper, Grenzen etc.

Kannst du was zu deiner Behinderung sagen?

Es ist eine Spastik und eine Verkrampfung der Muskeln an den Beinen. Eigentlich komme ich im Alltag ganz gut zurecht, bloß manchmal muß ich Leute ansprechen, und das ist nicht immer einfach. Wenn die Stadt sehr voll ist, wird es schwierig; dann habe ich Angst, daß die Leute mich umrennen, weil ich beim Laufen nicht anhalten kann und immer gucken muß, wo ich mich als nächstes festhalte.

* Name von der Redaktion geändert.

Seit wann lebst du in einem Heim?

Ich bin im Alter von zwei Jahren ins Heim gekommen. Meine Eltern kenne ich nicht. Das Leben im Heim hat mir eigentlich im großen und ganzen gefallen. Es war aber immer auch bedrückend, besonders in der Zeit von meinem zehnten bis zum siebzehnten Lebensjahr. Ich habe mich eingeschlossen gefühlt.

Du bist wegen sexuellen Mißbrauchs zu Wildwasser gekommen.
Was hast du erlebt?

Leider eine ganze Menge, sehr viel Angst und Gewalt. Ich wurde von drei Männern sexuell mißbraucht. Ein Erzieher hat es sieben Jahre lang gemacht. Er hat eigentlich fast jede Gelegenheit dazu genutzt. Als es anfing, war ich etwa zehn Jahre alt.

Der Erzieher, der dich sexuell mißbraucht hat, hatte
aufgrund seiner Arbeitssituation Zugang zu deiner Gruppe.
Wie kamen die anderen Männer ins Heim?

Einer war eine Aushilfe für die Betreuungsarbeit auf der Gruppe. Der andere war ein Praktikant, der mal so in die Behindertenarbeit reingucken wollte.

Sind nach deiner heutigen Einschätzung deine Situation im Heim und
deine Behinderung ausgenutzt worden?

Ja, die wußten, daß ich nichts sagen würde, weil ich schon als Kind auch in anderen Situationen den Mund nicht aufgekriegt habe. Wenn du im Heim lebst, hast du ziemlich wenig Vertrauen zu den Erziehern. Das haben die halt ausgenutzt. Meine Beine konnte ich nicht so frei machen, wenn sie sie mir festhielten, wie ich es mit den Händen könnte. Bei den Beinen geht das eben nicht so gut. Ich bin noch wehrloser und kann ja nicht so einfach wegrennen, obwohl ich das am liebsten gemacht hätte.

Was hat dich gehindert, dich jemandem anzuvertrauen?

Erzieher und Jugendliche haben zusammengelebt, aber so richtiges Vertrauen war halt nicht da. Es war schwer, in dieser Situation was zu sagen. Ich habe gedacht, das glauben die mir bestimmt nicht, oder die werfen mir vor, ich würde mir was ausdenken, um mich in Szene zu setzen. Es ist sowieso peinlich zu sagen, daß da was ganz Schlimmes passiert ist und ich gar nicht weiß, wie ich das beschreiben soll. Ich wußte, daß da was verkehrt war, aber ich konnte es nicht definieren.

Welche Reaktionen hast du im Heim erlebt, als du schließlich doch von dem sexuellen Mißbrauch erzählt hast?

Also, es kamen sehr unterschiedliche Reaktionen, aber erst mal habe ich das eher negativ empfunden als positiv. Die Leute konnten nicht damit umgehen. Einige waren erstarrt und entsetzt, andere wiederum haben gesagt, das können sie sich von diesem Erzieher gar nicht vorstellen, weil er für die Kirche gearbeitet hat. Ich hatte mich nicht getraut, es früher zu erzählen, da ich Angst hatte, daß mir als „Heimkind" nicht geglaubt wird und alle denken werden, ich möchte mich in den Mittelpunkt stellen. Ich hatte Angst, daß es als Spinnerei abgetan wird.

Wer weiß alles davon?

Es wissen viel zu viele Leute davon. Erst mal wollte ich, daß es nur bestimmte Leute wissen. Mir war das peinlich! Ich habe angefangen, einer Erzieherin, mit der ich mich ganz gut verstanden habe, und einer Freundin davon zu erzählen, aber es ist mir schwergefallen, und es fällt mir immer noch schwer.

Konntest du bestimmen, wer von dem sexuellen Mißbrauch erfährt?

Ich hatte mir diese beiden Vertrauenspersonen ausgesucht, aber es wurde hinter meinem Rücken geredet. Nach eine Weile habe ich es von allen Seiten gehört, und ich dachte, woher wissen die das denn jetzt? So richtig bestimmen konnte ich es nicht. Das war beschissen. Also, ich dachte, wem kannst du jetzt eigentlich noch vertrauen? Jetzt gucken dich die Leute an und sind entweder scheißfreundlich oder sagen gar nichts und verhalten sich dir gegenüber nicht mehr natürlich. Und das mag ich nicht.

Wie ging es weiter, nachdem du zu Wildwasser gekommen bist?

Also, ich mußte zuerst einmal überlegen, ob ich komme und wie ich es schaffe. Die ersten Male war ich ziemlich aufgeregt. Ich bin mit der Erzieherin gekommen, die auf meiner Gruppe gearbeitet hat und zu der ich das größte Vertrauen hatte. Deswegen habe ich sie gefragt, ob sie mich begleiten würde. Ich habe Einzelberatungen gemacht, das war ganz gut, aber es ist jedesmal mit Angst und Peinlichkeit verbunden. Mit einem komischen Gefühl hat das was zu tun.

Kannst du etwas zur Beratung sagen?

Das Schwierigste ist es, den Anfang zu finden und sich erst mal darüber klar zu werden, was da alles passiert ist. Also wenn der Mißbraucher damals über mich gekommen war und mich überrollt hat, dann habe ich den Raum, in dem ich mich befand, gar nicht mehr wahrgenommen. Mein Kopf und meine Seele haben irgendwo gehangen. Ich habe es gespürt und nicht gespürt. Das Schlimme war auch die Gewalt dabei, ja und diese ganzen Gerüche. Es war ekelig. Damals hatte ich kaum Gefühle, weil ich dachte, die Gefühle muß ich wegstecken, und ich habe mir auch nichts anmerken lassen. Ich habe einfach in den Tag hinein gelebt und mir gesagt, so ist das eben. Aber meine Nase ist sehr empfindlich geworden, was bestimmte Gerüche angeht. Und der Geschmackssinn ist auch verstärkt worden.

Was war für dich in der Beratung das Wichtigste?

Zu sehen, daß die Vergangenheit ein Stück von mir ist, und zu lernen, einigermaßen damit umzugehen. Mal klappt es, und mal bist du auch im tiefen Loch drin. Und du hast das Gefühl, es geht da nicht mehr raus, und das geht so weit, daß du dich mal vollpumpen oder sogar sterben möchtest. Ich war schon einmal soweit, daß ich gedacht habe, jetzt bringe ich mich einfach um, dann kann mir kein Mensch mehr etwas antun.

Du nimmst jetzt an der Gruppe für Mädchen und junge Frauen teil. Wie ist diese Gruppe für dich?

Die Gruppe ist ganz toll. Ich merke, daß ich mit diesem Problem nicht alleine bin und daß es vielen Mädchen ähnlich oder genauso geht wie mir. Es ist einerseits gut, über den sexuellen Mißbrauch zu sprechen, aber es tut andererseits auch weh.

Welche Folgen hat der sexuelle Mißbrauch für dein Leben?

Ich hatte Angst, daß ich durchdrehe. Nachts konnte ich nicht schlafen, weil ich immer davon geträumt habe, und jetzt geht es mir so, daß ich manchmal gar nichts essen kann, weil ich einen nervösen Magen habe. Oft habe ich Angstzustände, die plötzlich kommen und dann auch wieder gehen. Und genauso kommen Bilder hoch. Im Alltag ist dies manchmal schwierig zu unterdrücken, du mußt es aber, wenn du irgendwo bist, weil solche Gefühle dann nicht hochkommen dürfen. Manchmal passiert es in den unmöglichsten Situationen – da denkst du gar nicht dran, plötzlich überrollt es dich, und dann möchten die Füße rennen.
Ich habe das Gefühl, ich kann nach dem, was passiert ist, niemandem mehr vertrauen oder mal was Positives annehmen – Berührungen und Umarmungen und so. Meinen Körper akzeptiere ich nicht, den nehme ich nicht an, den könnte ich verstümmeln. Das ist nicht mein Körper, den hat doch irgend jemand genommen, der ist doch weg.

Gibt es etwas, was dich in deinem Empfinden als Frau mit einer Behinderung besonders betroffen hat?

Mein Empfinden war so, daß ich dachte, jetzt erlebe ich durch die Behinderung schon eine Einschränkung, und nun auch noch so was. Du bist behindert, dann wirst du auch noch mißbraucht! Das sehe ich irgendwo nicht ein, also das ist zuviel!

Du hast Anzeige erstattet. Kannst du Näheres darüber erzählen?

Ja, ich habe mich entschlossen, den Erzieher anzuzeigen. Aber für diese Entscheidung habe ich auch länger gebraucht, weil ich nicht wußte, was auf mich zukommt. Es war unangenehm, zur Polizei zu gehen. Die Frau, die mich verhört hat, war nicht gerade sehr feinfühlig und sagte, ich solle mich nicht so anstellen, so etwas würde sie schließlich jeden Tag hören. Die hat sogar ins Protokoll geschrieben, daß ich eine Gesprächspause von zehn Minuten gemacht habe. Ich habe mich sehr entwürdigt gefühlt. Man sollte sich nach deren Vorstellung an jede Einzelheit erinnern, aber es ist gar nicht so einfach, sich zu erinnern und ganz intime Sachen zu erzählen.
Nach zehn Monaten habe ich eine weitere Aussage gemacht. Jetzt kommen Zweifel bei der Staatsanwältin auf – ich frage mich, warum? Ich habe es erlebt und dabei noch nicht einmal alles gesagt, was passiert ist! Diese ganzen Vorbereitungen für die Polizei und dann noch einmal aussagen – das ist eine ziemlich nervenaufreibende Sache. Manchmal bin ich an dem Punkt, wo ich alles hinschmeißen möchte, weil ich nicht mehr kann.

Du wartest schon sehr lange auf den Prozeß?

Ja, über zwei Jahre. Und jetzt wollen sie noch meine Glaubwürdigkeit überprüfen. Andauernd wird der Prozeß hinausgezögert, und es kommt mir vor, als würden die das nicht so wichtig nehmen.

Du lebst schon seit langem in einer Einrichtung: Glaubst du, daß das, was du erlebt hast, ein Einzelfall ist?

Nein, ich weiß, daß das nicht nur mich betrifft, sondern daß es mehrere Kinder und Jugendliche gibt, die ähnliche Erfahrungen gemacht haben. Es passiert auch, daß sich Jugendliche untereinander mißbrauchen, weil sie nicht wissen, wo sie mit ihrer Aggression hin sollen, denn sie konnten nie darüber sprechen. Ich denke mir, daß gerade in Einrichtungen ganz viel Mißbrauch passiert.

Denkst du, daß es wichtig ist, mit behinderten Mädchen und Jungen über das Thema sexueller Mißbrauch oder über angenehme und unangenehme Berührungen zu sprechen?

Ich denke, daß ist sehr wichtig und meine, daß sich mit einfachen Worten, Filmen oder anderen einfachen Darstellungen eine Menge vermitteln läßt.

Was müßte deiner Meinung nach in der Arbeit mit behinderten Mädchen und Jungen verbessert werden?

Ich habe oft erfahren, daß diese Mädchen und Jungen „ganz viel im Bauch" haben, das aber nicht direkt ausdrücken, und daß sie unheimlich viel davon mitkriegen, was in ihrer Umgebung passiert. Ich finde es wichtig, die Persönlichkeit dieser Menschen zu akzeptieren. Nichtbehinderte sollten mal bei sich selber gucken und überlegen, was sie vielleicht verkehrt machen. Ich wünsche mir ganz einfach ein Miteinander.

Wie sieht dein Leben heute aus, und welche Pläne hast du?

Ich habe erst seit zwei bis drei Jahren das Gefühl, richtig leben zu können und habe deshalb noch unheimlich viel vor und möchte noch viel nachholen. Ich möchte mit Freundinnen und Freunden zusammensein, mit denen ganz tolle Sachen erleben – reden, schweigen, spazierengehen und dabei einfach viel lachen und Freude haben, weil ich denke, es gibt so wenig davon auf der Welt.

Ich bedanke mich für dieses Gespräch.

Die Gesprächsaufzeichnung wurde von Anne Voss bearbeitet.

„Die Behinderung von Frauen wird gezielt ausgenutzt!"

Sigrid Kwella im Gespräch mit Anne Voss

Sigrid Kwella, Studentin der Fachhochschule für Sozialarbeit in Berlin, nimmt im folgenden Gespräch zum Thema sexueller Mißbrauch an Mädchen und Frauen mit Behinderungen Stellung. Sie ist contergangeschädigt und kann sich deshalb besonders gut in die Situation betroffener Frauen einfühlen.

Wodurch hast du in der Vergangenheit vom Problem sexueller Gewalt an Mädchen und Frauen mit Behinderungen erfahren?

Ich habe mit betroffenen Frauen gesprochen. So wurde z.B. eine Bekannte von mir, die auch in Berlin lebt, innerhalb eines halben Jahres von zwei verschiedenen Männern vergewaltigt. Einer davon war ein völlig Fremder, der sie als Tramperin in seinem Auto mitgenommen hatte. Diese Frau ist – ähnlich wie ich – ohne Arme geboren. Für sie war es besonders schlimm, wie unangenehm durchdringend der Mann sie beobachtete, als sie sich nach der Vergewaltigung mit dem Anziehstab wieder ankleidete. Er zwang sie dazu, sich am Ende noch einmal aus- und anzuziehen, um dieses ein zweites Mal voyeuristisch zu betrachten.
Der zweite Vergewaltiger war ein Bekannter von ihr, der in seiner Wohnung zudringlich wurde. Hier hatte sie mit dieser Gefahr überhaupt nicht gerechnet. Er demütigte die Frau insbesondere damit, daß er ihr den Anziehstab von vornherein wegnahm und sie sich also zunächst überhaupt nicht wieder ankleiden konnte. Es dauerte sehr lange, bis sie ihn dazu überreden konnte, den Anziehstab zurückzugeben.

Hast du den Eindruck, daß sie damit als behinderte Frau gezielt gedemütigt wurde?

Ja, denn aus Gesprächen mit dieser Frau weiß ich, daß das Wegnehmen dieses existentiellen Hilfsmittels für sie noch schlimmer war als die Vergewaltigung selbst. Ihre Behinderung wurde bewußt ausgenutzt, um sie wehrlos zu machen und festzuhalten, denn solange sie sich nicht ankleiden konnte, war sie nicht in der Lage, die Wohnung zu verlassen. Damit war sie dem Vergewaltiger vollkommen ausgeliefert.

Kennst du auch Frauen, die in der Kindheit sexuell mißbraucht wurden?

Eine sehr gute Freundin von mir – selbst auch contergangeschädigt – erzählte mir, daß ein Taxifahrer sie häufig während der Fahrten zur Schule betätschelte. Sie war damals noch sehr jung – etwa zwölf Jahre alt – und konnte diese Übergriffe überhaupt nicht einordnen. Darüber hinaus wurde sie auch von ihrem Stiefvater mißbraucht. Er faßte sie an und streichelte sie, wobei er ihr anschließend sagte, daß das jetzt „ihr Geheimnis" sei. Ich weiß, daß meine Freundin damals kein gutes Verhältnis zu ihrem Stiefvater hatte und aufgrund dieser Vorfälle annahm, mit ihm endlich etwas Gemeinsames haben zu können. Sie hatte damit die Hoffnung verbunden, daß sich die Beziehung allgemein verbessern würde. Heute sagt sie über sich, daß sie als Kind einfach naiv gewesen sei. Verwirrend war für sie damals, daß der Stiefvater sich ihr sehr vorsichtig näherte, der sexuelle Mißbrauch keineswegs brutal erschien und von ihr auch nicht als schlimm empfunden wurde.
Die Übergriffe hörten schlagartig auf, als sie 15 oder 16 Jahre alt war. Damals wäre es fast zu einer Vergewaltigung gekommen, wenn bei dieser Gelegenheit nicht ihre Mutter früher als erwartet von einer Verabredung nach Hause gekommen wäre. Es hat den Stiefvater wahrscheinlich sehr geschockt, von der eigenen Ehefrau beinahe entdeckt worden zu sein, so daß er keine weiteren Übergriffe zu unternehmen wagte. Schon damals – mittlerweile ist dies fast 15 Jahre her – war ich mit dieser Frau gut befreundet und habe ihr geraten, den Stiefvater anzuzeigen. Ich glaube, daß sie Anzeige erstattet hätte, wenn sie nicht das Gefühl gehabt hätte, die Mutter vor familiären Belastungen schützen zu müssen.

Inwiefern wollte sie die Mutter schützen?

Meine Freundin hatte vor allem aufgrund der Behinderung das Gefühl, Rücksicht nehmen zu müssen. Ihre Mutter hatte ihr immer wieder erzählt, wie sehr sie sich für sie eingesetzt hatte, nachdem sie behindert zur Welt gekommen war. Sie wünschte sich, daß es ihrem Kind einmal gutgehen würde und war gezwungen, dies auch gegen den Willen des leiblichen Vaters zu erkämpfen. Er konnte eine behinderte Tochter nämlich nicht akzeptieren und sprach sich dafür aus, sie im Alter von wenigen Monaten während einer Krankheit sterben zu lassen. Die Eltern ließen sich später scheiden, wobei die Auseinandersetzungen um die Behinderung des Mädchens eine der Hauptursachen waren. Die Mutter selbst engagierte sich sehr lange in einer Elterninitiative für contergangeschädigte Kinder und führte einen Prozeß, um Schadensersatzleistungen durchzusetzen. Meine Freundin empfand das Engagement ihrer Mutter als so enorm, daß sie ihr keinen Anlaß für weitere Probleme bieten wollte – vor allem nicht, nachdem die Mutter nach einigen Jahren endlich auch einen Partner gefunden hatte, der die Behinderung der Tochter ignorierte und sie „trotzdem" heiratete.

Weißt du, welche Folgen der sexuelle Mißbrauch für das spätere Leben deiner Freundin hatte?

Seit drei Jahren ist sie verheiratet und wird bald ein Kind bekommen. Sie macht sich Sorgen in bezug auf die Frage, ob ihr Stiefvater nicht auch sein Enkelkind mißbrauchen würde – vor allem, wenn es ein Mädchen ist. Ihr ist bewußt, daß Mädchen von sexueller Gewalt eher betroffen sind als Jungen. Sie würde ihr Kind niemals allein bei den Großeltern lassen, was natürlich Fragen und Konflikte bedeuten wird. Meine Freundin geht davon aus, daß ihre Mutter nicht verstehen wird, weshalb sie ihnen das Enkelkind nicht anvertraut. Somit wird die Auseinandersetzung mit der Vergangenheit wieder aktuell.

Inwieweit bist du in bezug auf dieses Thema aktiv geworden?

Ich habe 1985 Kontakt zu Wildwasser Berlin aufgenommen, weil ich politisch arbeiten wollte. Zum damaligen Zeitpunkt existierte lediglich der Selbsthilfebereich für betroffene Frauen. Ich nahm an den wöchentlichen Plena und an einem konzeptionellen Seminar teil, wo die Erweiterung des Projektes hinsichtlich der Gründung der Beratungsstelle für Mädchen diskutiert und geplant wurde. Da ich selbst zwei Kinder habe, ist meine frei verfügbare Zeit sehr begrenzt, so daß ich die Beratungsarbeit nicht regelmäßig mittragen konnte beziehungsweise keine Möglichkeit hatte, an der Durchführung von Informationsveranstaltungen mitzuwirken. Für mich war das natürlich schade, weil ich deshalb keinen tieferen Einblick in die Arbeit von Wildwasser erhielt.

Wird deiner Meinung nach sexueller Mißbrauch an Menschen mit Behinderungen in der Öffentlichkeit ausreichend zur Kenntnis genommen?

Seitdem es Wildwasser und ähnliche Projekte gibt, ist zwar sexueller Mißbrauch öffentliches Thema geworden und als Realität anerkannt, doch der Bereich sexueller Mißbrauch von Menschen mit Behinderungen ist immer noch mit einem Tabu belegt, und gesellschaftliche Vorurteile tragen dazu bei, dieses Tabu aufrechtzuerhalten. Realität ist, daß sexueller Mißbrauch an Behinderten durch Betreuungspersonal in Heimen passiert, doch viele Menschen können sich nicht vorstellen, daß ein Pfleger so etwas tut. Mitarbeiter im Behindertenbereich gelten als „nette Menschen", die sich „aufopferungsvoll und selbstlos armen Benachteiligten widmen".
Früher glaubte ich selbst, daß Frauen mit Behinderungen vor sexuellen Übergriffen geschützt seien. Daß diese Annahme nicht stimmt, merkte ich, als mir Soldaten auf dem Nachhauseweg aufdringlich folgten, wenn ich aus dem Bus ausgestiegen war. In der Nähe unserer damaligen Wohnung gab es eine Kaserne, so daß diese Belästigungen häufiger passierten. Ich denke, daß es für manche Männer vielleicht sogar einen besonderen Reiz bedeutet, eine behinderte Frau zu mißbrauchen, weil sie annehmen, daß bei ihr in bezug auf die Sexualität alles anders ist als bei einer Nichtbehinderten, nur weil sie zum Beispiel keine Arme hat.
Manchmal wird sogar angenommen, daß „eine Frau mit einer Behinderung froh ist, wenn der Pfleger sie sexuell mißbraucht, weil sie sonst gar keine sexuellen Erfahrungen machen würde". Ihr wird unterstellt, daß „sie gar nicht in der Lage ist, eine sexuelle Beziehung mit einem anderen Mann zu haben."
Fatal ist es meiner Meinung nach auch, wenn zufällige unkontrollierte Bewegungen einer spastisch gelähmten Frau als sexuelle Avancen ausgelegt werden. So kann es zum Beispiel passieren, daß eine Frau ihre Armbewegungen nicht steuern kann und unbeabsichtigt gegen den Penis eines Mannes in ihrer Nähe schlägt. Dies darf auf keinen Fall als Aufforderung zu sexuellen Handlungen mißverstanden werden.

Frauen mit Behinderungen werden als leichte Opfer betrachtet, die schnell einzuschüchtern sind. Das Thema sexueller Mißbrauch an Mädchen und Frauen mit Behinderungen muß stärker öffentlich gemacht werden. Das ist vor allem deshalb wichtig, weil sie wegen ihrer körperlichen oder geistigen Handicaps besonders wehrlos sind.

Ich bedanke mich für dieses Gespräch.

Die Gesprächsaufzeichnung wurde von Anne Voss bearbeitet.

Esther Simon

„Wenn ich mit KollegInnen aus anderen Einrichtungen spreche, ist ihnen ähnliches bekannt."[1]

Seit fünf Jahren arbeite ich als Beschäftigungstherapeutin in einem Behindertenwohnheim, wobei ich mich bemühe, neben den Einzelbeschäftigungen auch Gruppenaktivitäten anzubieten und guten Kontakt zu den Wohngruppen herzustellen. Dadurch habe ich über meine eigentliche Tätigkeit hinaus einen Einblick in den Lebensalltag der BewohnerInnen und des Betreuungspersonals erhalten.

Sexueller Mißbrauch ist zwar offiziell ein großes Tabu, doch habe ich von drei früheren Kündigungen erfahren, die vor diesem Hintergrund ausgesprochen worden sind. Eine offizielle Diskussion in den Gremien und Teamsitzungen der Einrichtung hat es hierzu nicht gegeben.

Ich selbst erlebte, wie ein ehemaliger Gruppenleiter einen Bewohner während einer Begrüßungssituation überaus aufdringlich in den Arm nahm und küßte. Mein merkwürdiges Gefühl hierbei konnte ich mir damals nicht erklären. In einem privaten Gespräch erzählte mir eine Kollegin, dieser Leiter habe den Mann „während einer Gruppenreise auch schon sexuell befriedigt", was sie allerdings „ganz in Ordnung" fand. Was ich eindeutig als sexuellen Mißbrauch einschätze, ist ihrer Meinung nach in gegenseitigem Einvernehmen passiert.

Die meisten BewohnerInnen besuchen uns nach ihrem Auszug aus dem Heim noch nach Jahren regelmäßig. Mario[2], ein junger Mann mit einer geistigen Behinderung, fiel mir während seines Besuches auf, und ich kam mit seiner damaligen Betreuerin ins Gespräch: Der Umgang mit Mario sei sehr schwierig gewesen, als dieser noch im Wohnheim lebte. Er habe kleine Kinder, die in den Wohnhäusern in der Nachbarschaft des Heimes lebten, sexuell belästigt. Die Eltern eines betroffenen Mädchens hätten beabsichtigt, Anzeige zu erstatten, falls die ErzieherInnen nicht in der Lage sein sollten, die Übergriffe zu verhindern. Natürlich wurde versucht, auf Mario Einfluß zu nehmen, um

[1] „Esther Simon" ist ein Pseudonym.

[2] Sämtliche Namen und persönlichen Daten wurden geändert.

die Kinder zu schützen. Ob dies gänzlich gelang, blieb unklar. Es war bekannt, daß Mario von seinem Vater früher selbst mißbraucht worden war. Heute lebt er in seiner eigenen Wohnung, doch ob und wie er sein Verhalten geändert hat, ist fraglich.
Wenn ich mit Bekannten oder KollegInnen aus anderen Einrichtungen über sexuellen Mißbrauch an Menschen mit Behinderungen spreche, ist ihnen ähnliches bekannt. In Einzelfällen wird von Schwangerschaften berichtet, die aufgrund sexueller „Kontakte" männlicher Professioneller oder Familienangehöriger mit behinderten jungen Frauen entstanden sind. Dies ist eine gravierende Folge sexueller Gewalt und zieht massive Probleme für die betroffene Frau nach sich. Sie wird mit der Frage konfrontiert, ob sie eine Abtreibung vornehmen lassen soll oder nicht. Entscheidet sie sich, die Schwangerschaft auszutragen, wird durch das Vormundschaftsgericht festgelegt, wer das Sorgerecht übernimmt, falls sie selbst nicht für das Kind sorgen kann. Unter Einbeziehung des Jugendamtes wird geklärt, ob sich unterstützende Angehörige des zukünftigen Kindes annehmen, ob eine Pflegefamilie in Frage kommt oder ob professionelle Unterstützungssysteme bereitstehen. Diese Prozedur stellt für die betroffene Frau eine massive Belastung in der lebenslangen Auseinandersetzung mit der an ihr verübten Gewalt dar.
Komme ich während der beschäftigungstherapeutischen Aktivitäten mit den BewohnerInnen ins Gespräch, äußern einige immer wieder Empörung darüber, daß partnerschaftliche und freundschaftliche Beziehungen zu MitarbeiterInnen „für sie nicht erlaubt sind". In diesem Zusammenhang stellt sich die Frage, ob es angemessen ist, von sexuellem Mißbrauch auszugehen, wenn die betreffende Frau in ihren Betreuer verliebt war, die Beziehung wollte und sich gegebenenfalls das Kind gewünscht hat. Ich gehe davon aus, daß der beruflich geprägte Kontakt ein ungleiches Machtgefüge impliziert. Der Betreuende ist in einer mächtigen Position und hat die Verfügungsgewalt über die Betroffene. Diese Position gegenüber BewohnerInnen für sich auszunutzen heißt gewalttätig zu handeln.
In bezug auf sexuellen Mißbrauch in Institutionen habe ich bisher lediglich von zurückliegenden Vorkommnissen erfahren. Bei diesen war es entweder deswegen bereits zu Kündigungen gekommen, oder der mutmaßliche Mißbraucher hatte das Wohnheim von sich aus verlassen, oder die Vorkommnisse waren in anderen Einrichtungen passiert. Ich vermute, daß eine größere

öffentliche Sensibilisierung für dieses Thema zur Folge haben würde, daß die Wahrnehmung – auch meine eigene – für aktuelle Mißbrauchssituationen geschärft wird.
Fortbildungen für MitarbeiterInnen in der Behindertenarbeit sind unerläßliche Voraussetzung dafür, daß das Thema sexuelle Gewalt adäquat behandelt wird. Darüber hinaus ist eine enge Kooperation zwischen den Institutionen, Projekten und Initiativen der Behindertenarbeit und den Fachberatungsstellen zum Thema sexueller Mißbrauch von großer Bedeutung. Betroffene mit Behinderungen haben ein Recht auf parteiliche Unterstützung.

Monika Hallstein

Sexueller Mißbrauch und geistige Behinderung

Einen Kontext für Veränderungen schaffen

Mit diesem Beitrag möchte ich Professionelle für das Thema des sexuellen Mißbrauchs an Menschen mit einer geistigen Behinderung sensibilisieren, Besonderheiten der Problematik und Konsequenzen für die pädagogische Arbeit aufzeigen.
Bei der Beschäftigung mit diesem Thema ist es wichtig, geistige Behinderungen von körperlichen abzugrenzen. Geistige Behinderungen haben ihre spezifischen Auswirkungen auf die einzelnen Menschen – auf ihr Erleben und ihre Bewältigungsstrategien. Dementsprechend ist die Wahrnehmung und Verarbeitung von sexueller Gewalt durch Menschen mit geistiger Behinderung von ihrem Behinderungsgrad und ihrer sozialen Lebenswelt abhängig.

Sexualität und geistige Behinderung

Sexualität zu leben ist ein Persönlichkeitsrecht. Dieses wird Menschen mit geistiger Behinderung jedoch keineswegs grundsätzlich zugestanden. Es wird ihnen nicht durch ein ausdrückliches Verbot, sondern durch ihre Lebensbedingungen, die auf vielfältige und subtile Weise repressiv gestaltet sind, erschwert bzw. unmöglich gemacht, dieses Persönlichkeitsrecht auszuleben. Dies betrachte ich als eine Form von Gewalt!

Damit Menschen mit geistiger Behinderung ihr Recht auf Sexualität wahrnehmen können, müssen die sozialen und kulturellen Voraussetzungen dafür geschaffen werden, daß sie eine ihren Bedürfnissen, Wünschen und Fähigkeiten entsprechende Sexualität entwickeln können.

**Die Möglichkeit, sich sexuell ausdrücken
und ausleben zu können,
trägt in entscheidendem Maß zum
Selbstwertgefühl bei.**

Sexualität hat soziale, kommunikative, Ich-stärkende und integrative Funktionen. Nach Erwin J. Haeberle bezieht sich der Begriff Sexualität nicht nur auf Fortpflanzung und erotische Lust, sondern auch auf das Bedürfnis nach Liebe und persönlicher Erfüllung, d.h. auf „Lust am Leben selbst" (1985, S. 137).
In der Fachliteratur setzen sich Autoren wie Heinz Bach, Paul Sporken und Joachim Walter mit der Sexualität von Menschen mit geistiger Behinderung auseinander. Sporken definiert Sexualität als das ganze Gebiet umfassender „Verhaltensweisen in den allgemeinen menschlichen Beziehungen" (1974, S. 159). Walter führt aus, „... daß es keine besondere Sexualität geistig behinderter Menschen geben kann. Denn Sexualität ist bei Behinderten nichts anderes als bei Nichtbehinderten auch: eine Energie, die Beziehungen aufnehmen, Zärtlichkeit und Liebe erfahren läßt. Sexualität existiert nie als Abstraktum, sondern immer in der individuellen Ausformung einzelner Menschen. Und so wie jeder Mensch einmalig und einzigartig ist, mit oder ohne irgendwie geartete Behinderung, so erhält die Sexualität eines Menschen durch eine Behinderung ‚lediglich' eine weitere Facette an individueller Eigenart." (1983, S. 25)
Wir übersehen oft, daß das physische Erwachsenwerden bei Menschen mit geistiger Behinderung sehr wohl ohne Einschränkung stattfindet. Nur bei wenigen Formen geistiger Behinderung ist die körperliche Entwicklung beeinträchtigt. Erwachsene mit einer geistigen Behinderung haben selbstverständlich sexuelle Wünsche und Bedürfnisse. Dennoch wird Menschen mit geistiger Behinderung oft lebenslange Naivität, „Unverdorbenheit" und Geschlechtslosigkeit zugeschrieben (Walter 1983, S. 24). „Die Intelligenzminderung schließt für den Außenstehenden die Unfähigkeit ein, die menschliche Sexualität in die eigene Person zu integrieren, sie zu lenken oder gar zu kompensieren." (Huber 1975, zit. n. Walter 1983, S. 23)
Die psychosoziale und psychodynamische Entwicklung von Menschen mit geistiger Behinderung nimmt im Vergleich zu der von Nichtbehinderten einen

normalen, aber aufgrund der verzögerten intellektuellen Entwicklung verlangsamten Verlauf. Die Pubertät z.B. durchleben Menschen mit geistiger Behinderung oft erst als junge Erwachsene oder noch später.
Wie sich sexuelles Verhalten manifestiert, hängt von kulturellen Werten und Normen und deren Vermittlung in der Sozialisation ab. Zentrale Aspekte sexuellen Erlebens sind das bewußte und das unbewußte Körperbild (Françoise Dolto 1989). Fehlendes sexuelles Verhalten beruht bei Menschen mit geistiger Behinderung oft nicht auf einer freien Entscheidung, sondern ist Folge ihrer durch separierende und isolierende Lebensbedingungen defizitären Sozialisation. Menschen mit geistiger Behinderung können in der Regel nicht selbstbestimmt über ihr Leben verfügen; somit sind sie nicht von ihrer eigenen Kompetenz, sondern von der Bezugsperson (dem „Kümmerer", siehe Hohn u.a. 1991, S.187) abhängig.
Wünsche nach Autonomie und gelebter Sexualität werden häufig überhört oder strikt abgelehnt (u.a. der Kinderwunsch: „Du bist behindert, du kannst und darfst so was nicht!"). Die sexuelle Reife von Menschen mit geistiger Behinderung wird von den Bezugspersonen oft nicht wahrgenommen, sondern verdrängt oder bewußt negiert, obwohl allein ihre körperliche Ausprägung schon nicht zu übersehen ist. In anderen Bereichen der Persönlichkeitsentwicklung dagegen werden die Erwachsenen-Anteile gefördert, um größtmögliche Autonomie zu erreichen.
In meiner Berufspraxis erlebe ich immer wieder, daß BetreuerInnen, Eltern, LehrerInnen und andere Bezugspersonen der Sexualität von Menschen mit geistiger Behinderung voll Unsicherheit gegenüberstehen und sie nicht begreifen können oder wollen. Ein Beispiel hierfür ist der Umgang mit taktiler Kontaktaufnahme (Kontaktaufnahme durch Berührung). Menschen mit geistiger Behinderung, die über eingeschränkte oder keine verbalen Kommunikationsmöglichkeiten verfügen, setzen ihren Körper als Verständigungsmittel ein. Durch Gesten, Bewegungen und Berührungen drücken sie ihre Gefühle, Empfindungen, Wünsche etc. aus. Dies kann sowohl als Ersatzsprache dienen als auch zur Kontaktaufnahme und zur Herstellung körperlicher Nähe eingesetzt werden. Viele Menschen mit geistiger Behinderung haben nur nonverbale Ausdrucksmöglichkeiten wie Umarmen, Knuddeln, Streicheln, Küssen zur Verfügung, um in Kontakt zu treten, und befriedigen ihr Kommunikationsbedürfnis auf diese Weise, oft ohne eine sexuelle Begegnung anzustreben. Diese

Art der Kommunikation wird sehr häufig als aufdringlich, distanzlos, triebhaft empfunden und deshalb zurückgewiesen – vielleicht, weil sie eigene Sexual- bzw. Berührungsängste wachruft und die eigene Lern- und Lebensgeschichte zu aktivieren vermag.
Menschen mit geistiger Behinderung zeigen im Umgang mit Sexualität meist ein sehr traditionelles Rollenverhalten. Es fehlt ihnen in der Regel an Möglichkeiten, sich mit ihren Rollenbildern auseinanderzusetzen, um ein eigenes Verständnis zu entwickeln und zuzulassen. Oft haben Menschen mit geistiger Behinderung eine stärkere Mutterbindung als nichtbehinderte AltersgenossInnen. Die Frauen identifizieren sich besonders stark mit der weiblichen Rolle, und die Männer zeigen teilweise relativ große Anteile weiblichen Rollenverhaltens. In der Regel verfügen Menschen mit geistiger Behinderung über ein geringeres Sexualwissen und weniger Erfahrung mit sexuellen Kontakten als Nichtbehinderte der gleichen Altersstufe.
Die Unterstützung von Menschen mit geistiger Behinderung, die auf begleitende Hilfe im persönlichen und sozialen Bereich angewiesen sind, muß sich an ihren Wertvorstellungen und Handlungsgewohnheiten orientieren. Die betreuenden Personen müssen ihr eigenes Wert- und Normsystem in der Arbeit mit Menschen mit geistiger Behinderung kritisch betrachten können und deren individuelle Lebenssituation berücksichtigen. Dies gilt für den Bereich der Sexualität genauso wie für alle anderen Lebensbereiche.

> **Wenn wir sexuellen Mißbrauch an Menschen mit geistiger Behinderung als Realität anerkennen wollen, müssen wir damit beginnen, ihre Sexualität wahrzunehmen und anzuerkennen.**

Der Begriff des sexuellen Mißbrauchs

Seit Anfang der 80er Jahre werden sexueller Mißbrauch und sexuelle Gewalt als eine geschichtliche und gesellschaftliche Realität gesehen. Der Begriff des sexuellen Mißbrauchs wird sehr unterschiedlich gefaßt. Ich möchte mich hier Suzanne Sgroi (1982) anschließen, die sexuellen Mißbrauch von Kindern durch Erwachsene definiert „als eine sexuelle Handlung eines Erwachsenen mit einem Kind, das aufgrund seiner emotionalen und intellektuellen Entwicklung und aufgrund des ungleichen Machtverhältnisses zwischen Erwachsenem und Kind nicht in der Lage ist, dieser sexuellen Handlung informiert und frei zuzustimmen. Bei der sexuellen Ausbeutung nutzt der Erwachsene seine Machtposition aus, um das Kind zur Kooperation zu überreden oder zu zwingen." (zit. n. Pro Familia Würzburg 1989, S. 1)

Geistige Behinderung und sexueller Mißbrauch bzw. sexuelle Gewalt

Während das Thema sexueller Mißbrauch heute vielfach diskutiert wird, ist sexueller Mißbrauch/sexuelle Gewalt an Menschen mit geistiger Behinderung eine Problematik, die trotz aller Bemühungen um Integration und Aufklärung in der Öffentlichkeit – auch in der Fachöffentlichkeit – wenig Beachtung findet, ja fast negiert oder auch direkt abgelehnt wird. Der Umgang mit diesem stark tabuisierten und emotionalisierten Thema ist von Unsicherheit und unbewußten Ängsten bestimmt. In der langsam in Gang kommenden Diskussion zeigen sich Informationsdefizite, starke Betroffenheit und Reaktionen von Nichtbegreifenkönnen bzw. Nichtwahrhabenwollen. Eine sachliche Auseinandersetzung mit dem Thema ist dringend erforderlich.

Häufigkeit

Praxiserfahrungen deuten darauf hin, daß Kinder und Erwachsene mit einer geistigen Behinderung sehr viel häufiger von sexuellen Übergriffen betroffen sind, als gemeinhin angenommen wird. Während im deutschen Sprachraum noch keinerlei empirische Untersuchungen und Statistiken über das Ausmaß des sexuellen Mißbrauchs von Menschen mit geistiger Behinderung vorliegen, lassen nordamerikanische Studien vermuten, daß es sich um ein weit verbreitetes Problem handelt. In den USA wird seit zehn Jahren versucht, diese Thematik zu enttabuisieren. Es liegen jedoch auch hier bis heute keine verläßlichen empirischen Daten und Ergebnisse vor.
Ausgehend von gemeldeten Fällen vergleicht N.W. Cowardin in einer Studie von 1987 in Kalifornien die Rate sexuellen Mißbrauchs von Menschen mit geistiger Behinderung mit der allgemeinen Mißbrauchsrate (zit. n. Senn

1988, S. 5). Obwohl nur gemeldete Fälle herangezogen werden (in den USA ist sexueller Mißbrauch meldepflichtig), ergibt die Studie eine Häufigkeit, die viermal so hoch ist wie bei der Gesamtbevölkerung.
Die Studie von S. Hard von 1986 (zit. n. Senn 1988, S. 5) beruht auf einer direkten Befragung von 95 Erwachsenen mit einer geistigen Behinderung in einem Work-Activity-Center. 30 Personen, die sich entweder nicht befragen lassen wollten, nicht sprechen konnten oder die Fragen nicht verstanden, konnten nicht berücksichtigt werden. Von den übrigen 65 Befragten gaben 83 % der Frauen und 32 % der Männer an, sexuell mißbraucht worden zu sein. Charlene Y. Senn hält die Zahlen dieser Untersuchung für die bislang brauchbarsten zur Einschätzung der Häufigkeit des sexuellen Mißbrauchs bei Menschen mit geistiger Behinderung.
Eine Befragung von Kindern und Erwachsenen mit geistiger Behinderung zum Thema sexueller Mißbrauch muß speziell für diese konzipiert sein, und die Durchführung erschwerende Faktoren müssen berücksichtigt werden. Solche könnten z.B. sein:

- Angst vor den Folgen der Aufdeckung im Rahmen der Familie/Institution, von der eine besonders starke Abhängigkeit besteht
- Weigerung der Familie/Institution, Tochter/Sohn bzw. Bewohnerin/Bewohner an der Befragung teilnehmen zu lassen
- Widerstände in Familie/Institution aufgrund der Gefahr der Aufdeckung von Täterschaft und Mitwisserschaft (Täterschutz)
- Kommunikations- und Verständigungsprobleme aufgrund des Behinderungsgrades/der Behinderungsform
- mangelndes Vertrauen in die BefragerInnen
- besondere Tabuisierung der Sexualität (beispielsweise berichtete mir eine Erzieherin aus einer Schule für Menschen mit geistiger Behinderung, daß SchülerInnen sich nach dem Gebrauch von Worten aus dem sexuellen Bereich auf Anweisung der Lehrer den Mund mit Seifenwasser ausspülen mußten).

Die Durchführung einer empirischen Untersuchung zu diesem Thema in der BRD würde zur Transparenz der Problematik und ihrer Bedeutung beitragen und wäre ein wichtiger emanzipatorischer Schritt zur Be- und Aufarbeitung.

1989 fand in Ulm eine Fachtagung zum Thema „Gewalt und Behinderung" statt. Hier berichteten nahezu alle anwesenden MitarbeiterInnen aus verschiedenen Behinderteneinrichtungen von Fällen sexuellen Mißbrauchs, die ihnen in ihrer Arbeit bekannt geworden waren. Es handelte sich um sexuelle Übergriffe durch Heimleiter, Heimbewohner, Väter, Onkel, LehrerInnen, TherapeutInnen. Im Widerspruch zu diesen Erfahrungen aus der Praxis gilt sexuelle Gewalt an Menschen mit geistiger Behinderung noch immer als Ausnahme und wird als solche wahrgenommen! Offensichtlich bestehen starke Widerstände dagegen, die Realität zu sehen – seien sie bewußt oder unbewußt.
Nach der Teilnahme an der Ulmer Fachtagung initiierte ich in der Pro Familia in Berlin die Gründung des Berliner Arbeitskreises Geistige Behinderung und sexuelle Gewalt – eines Forums für MitarbeiterInnen von selbstverwalteten und öffentlichen Einrichtungen, Projekten, Gruppen sowie für LehrerInnen, MedizinerInnen und freiberufliche TherapeutInnen zur Auseinandersetzung und zur Kooperation. Für den Multiplikatorenbereich wurden differenzierte Workshop/Fortbildungs-Konzepte entwickelt, die inzwischen vielfach angewendet werden.

Der Begriff des sexuellen Mißbrauchs bei Menschen mit geistiger Behinderung

Wenn wir von sexuellem Mißbrauch sprechen, meinen wir im allgemeinen sexuellen Kindesmißbrauch. Im Zusammenhang mit geistiger Behinderung muß der Begriff jedoch auch auf Erwachsene angewandt werden, denn ihre Position ist der von Kindern vergleichbar. Sie ist charakterisiert durch:

- kognitive Unterlegenheit
- emotionale Abhängigkeit
- in der Regel geringeres Wissen über Sexualität
- (sehr) eingeschränkte Möglichkeiten zu begreifen, sich zu wehren, sich Unterstützung zu holen.

Menschen mit geistiger Behinderung werden im Kindesalter wie auch als Erwachsene sexuell mißbraucht. Erwachsene mit einer geistigen Behinderung, die schon sexuelle Erfahrungen gemacht haben, nehmen einen sexuellen Übergriff nicht immer gleich als solchen wahr.

Die sexuellen Übergriffe finden – wie bei Menschen ohne Behinderung – vorwiegend im sozialen Nahbereich, in der Familie, im Bekanntenkreis, in Institutionen (Schule, Heim) und damit im als Schutzraum postulierten Bereich statt und erstrecken sich oft über einen langen Zeitraum. Bei wiederholtem und/ oder langandauerndem Mißbrauch sind meist noch eine Vielzahl anderer Mißhandlungsformen vorhanden sowie seelische und soziale Probleme der Betroffenen und ihrer Familie/Bezugspersonen (Karin C. Meiselmann 1979, Patricia B. Mrazek & Arnon Bentovim 1982, Birgit Johansen 1989, zit. n. Berl Kutchinsky 1991, S. 36).

Häufig entwickeln Menschen mit einer geistigen Behinderung früh Abneigung und Gleichgültigkeit gegenüber ihrem Körper – erlauben sich nicht, ihn zu mögen, gehen lieblos mit ihm um, pflegen ihn zu viel/zu wenig, essen zu viel/zu wenig –, das Grundgefühl dem eigenen Körper gegenüber ist gestört. Darüber hinaus sind sie häufig mit Eingriffen in die Intimsphäre konfrontiert, die aufgrund des Betreuungsbedarfs notwendig sind und nicht vermieden werden können (sie werden angeleitet und ermahnt, sie werden geduscht, eingecremt, die BetreuerInnen wechseln Monatsbinden und Windeln, führen ihnen Tampons ein etc.). Dieses alltägliche Ausgeliefertsein erschwert nicht nur die Wahrnehmung und das Zulassen von Scham und Wut, sondern fördert die Unterdrückung solcher Gefühle, um der Lebenssituation standzuhalten. Ein sexueller Übergriff oder auch eine Vergewaltigung (und andere Gewalthandlungen) werden dann oft als ein Übergriff oder eine Grenzverletzung unter vielen anderen erlebt (wenn z.B. ein Wohngruppenbetreuer, der zum nächtlichen sexuellen Übergriff in das Zimmer einer Bewohnerin kommt, derselbe ist, der sie im Alltag betreut und über sie bestimmen darf). Wut und Scham, die Nichtbehinderte nach einem sexuellen Übergriff empfinden, kommen deshalb in diesen Lebenssituationen bei Menschen mit geistiger Behinderung oft gar nicht mehr auf.

Daß Menschen mit geistiger Behinderung mit offener körperlicher Gewalt zu sexuellen Handlungen gezwungen werden, ist eher selten. Unterdrückung und sexuelle Ausbeutung sind häufig mit Zuwendung, Verständnis und Fürsorge gekoppelt. Drohungen, die verhindern sollen, daß das Opfer sich an andere wendet („Dann kommst du ins Heim!" bzw. „Dann kommst du in eine andere Gruppe/ein anderes Heim!"), werden seltener eingesetzt als bei Nichtbehinderten.

Das besondere Abhängigkeitsverhältnis

Das Verhältnis zwischen Mißbraucher und dem Opfer ist immer ein Gewaltverhältnis; es ist zum einen durch die ungleiche Beziehung zwischen Erwachsenem und Kind definiert und zum anderen durch das ungleiche Geschlechterverhältnis zwischen Mann und Frau (siehe Barbara Kavemann 1991, S. 11).
Bei sexuellem Mißbrauch von Menschen mit geistiger Behinderung ist das Verhältnis zwischen Täter und Opfer sogar ein dreifaches Gewaltverhältnis: Es kommt das Machtgefälle hinzu, das durch die starke Abhängigkeit der Betroffenen von psychischer und physischer Betreuung durch nichtbehinderte Bezugspersonen und die höchst unterschiedlichen kognitiven Fähigkeiten entsteht.
Aufgrund dieses dreifachen Machtverhältnisses sind Menschen mit geistiger Behinderung besonders ohnmächtig gegenüber sexueller Gewalt. Freiwilligkeit und Konsens in Beziehungen zu den in vieler Hinsicht überlegenen Bezugspersonen sind darum keine Kriterien dafür, daß diese Beziehungen gewaltfrei sind. Da Menschen mit geistiger Behinderung in der Regel daran gewöhnt sind zu tun, was andere von ihnen fordern, ist der Übergang von einvernehmlicher Handlung zu fremdbestimmter Handlung schwer zu erkennen. Das gilt für den Bereich der Sexualität genauso wie für alle anderen Lebensbereiche. Der Tagesablauf ist durch feste Strukturen in der Wohn-, Schul- bzw. Arbeitssituation sowie im Freizeitbereich reglementiert – damit hängt das sexuelle Leben von Menschen mit geistiger Behinderung von der Toleranz und den moralischen Einstellungen der Betreuungspersonen ab. Diese bestimmen, meist ausgehend von ihren eigenen Wertmaßstäben, darüber, was an sexuellem Leben möglich ist.
Menschen mit geistiger Behinderung, denen es häufig an Zuwendung fehlt, versuchen unter Umständen, Liebe und Zärtlichkeit durch sexuelle Verfügbarkeit zu erhalten. Eine unter solchen Umständen gegebene „Zustimmung" erfolgt aus dem Abhängigkeitsgefälle heraus. Sexuelle Ausbeutung kann auch dann vorliegen, wenn Menschen mit geistiger Behinderung in einer sexuellen Beziehung zu einer Betreuungsperson Lust empfinden und wenn sie den Kontakt von sich aus erneuern.
Sexuelle Übergriffe auf Menschen mit geistiger Behinderung sind auch oder gerade Beziehungstaten. Menschen mit geistiger Behinderung sind besonders

ausnutzbar, weil der Täter mit der spezifischen Behinderung kalkulieren und seinen Vorteil daraus ziehen kann. Er kann z.B. die Notwendigkeit der körperlichen Versorgung (waschen, ankleiden etc.) ausnutzen. Sehr häufig geht der Täter, zumindest zu Beginn der sexuellen Ausbeutung, besonders intensiv auf die Bedürfnisse der oder des Betreffenden nach Zuwendung, Zärtlichkeit und Anerkennung ein. Zudem können Erwachsene mit geistiger Behinderung es zunächst als positiv empfinden, von einer Betreuungsperson nicht als asexuelles Wesen wahrgenommen zu werden. Dies kann sie daran hindern, sexuellen Mißbrauch als solchen wahrzunehmen und zu beenden.
Für Menschen mit geistiger Behinderung ist es genauso unvorstellbar wie für alle anderen Betroffenen auch, daß Menschen, die ihnen nahestehen, ihnen Gewalt antun. Tatsächlich sind die Täter oft Personen, zu denen die Betroffenen in einem besonderen Vertrauensverhältnis stehen. Von derselben Person große Zuwendung zu erhalten und gleichzeitig massiv ausgebeutet zu werden, ist schwer zu begreifen und für Menschen mit geistiger Behinderung besonders verwirrend. Daß lustvolles Erleben und Ausbeutung so dicht nebeneinander liegen und so eng miteinander verwoben sind, führt zu starken Irritationen in der Wahrnehmungsfähigkeit, die betroffene Person weiß nicht mehr, wie sie bewerten soll, was ihr passiert.
Ich betone hier noch einmal: Es gibt keine freie Zustimmung von Menschen mit geistiger Behinderung zu sexuellen Handlungen mit nicht geistig behinderten Personen. Bei Kindern wie auch bei Erwachsenen mit einer geistigen Behinderung ist der nicht behinderte Erwachsene kognitiv und emotional überlegen und nutzt in einer sexuellen Beziehung diese Überlegenheit aus. Er trägt die volle Verantwortung für die sexuellen Handlungen. Scheinbare freiwillige Beteiligung der Betroffenen entbindet den Erwachsenen ohne geistige Behinderung nicht von dieser Verantwortung. Das soll nicht heißen, daß es grundsätzlich keine sexuellen Beziehungen zwischen geistig behinderten und nicht geistig behinderten Erwachsenen geben darf oder kann. Ob es sich in Beziehungen mit einem so offensichtlichen Machtgefälle um Mißbrauchsbeziehungen handelt, hängt von der Intention der nicht geistig behinderten Partner ab. Nach Matthias Hirsch (1987) liegt in der Intention der Bedürfnisbefriedigung des Täters das Entscheidungskriterium für die Grenzbestimmung zwischen liebevoller Zärtlichkeit und dem Beginn des sexuellen Mißbrauchs. Verhalten sich Menschen mit einer geistigen Behinderung „verführerisch"

oder zeigen sie „sexualisiertes Verhalten", darf dies nicht als Aufforderung zu sexuellen Aktivitäten aufgefaßt werden (unter Umständen deutet gerade dieses Verhalten auf bereits erfahrenen sexuellen Mißbrauch hin).

Auswirkungen auf die Betroffenen

Menschen mit geistiger Behinderung werden oft persönliche Autonomie und eigene Gefühle abgesprochen. Mit der Begründung, daß „geistig Behinderte" ja nicht verstünden, was vorgeht, und daß sie aufgrund ihres fehlenden Langzeitgedächtnisses und ihrer mangelnden Differenzierungsfähigkeit ohnehin vergäßen, was mit ihnen geschehen ist, versuchen Täter, die von ihnen verübten sexuellen Übergriffe zu legitimieren und zu verharmlosen. Diese Vorgehensweise ist menschenverachtend. Sie ignoriert völlig, wie wichtig für viele Menschen mit geistiger Behinderung die Interaktion mit und die Meinungen von anderen Menschen sind und spricht ihnen Selbstwahrnehmung und Selbstachtung ab. Die Reaktionen auf sexuellen Mißbrauch sind bei Menschen mit einer geistigen Behinderung, wenn sie lernen konnten, Grenzen zu setzen, gleich oder ähnlich wie bei nichtbehinderten Betroffenen – entsprechend ihren Fähigkeiten und Möglichkeiten. Dies gilt für ihre Wahrnehmung, ihre Gefühle sowie für das Senden von Signalen und Hilferufen (in Form von Sprachverweigerung, Waschzwang etc.; ein Beispiel ist eine junge Frau, die jedesmal nach einem sexuellen Übergriff ihr Bettlaken selbst wäscht, statt es wie üblich in die gemeinsame Wohngruppenwäsche zu geben).

Aufdeckung und Hilfsmöglichkeiten

Die Möglichkeiten, sexuellen Mißbrauch offenzulegen und darüber zu reden, sind für Menschen mit geistiger Behinderung entsprechend der allgemein herrschenden Unwissenheit und Verdrängung bezüglich dieser Problematik sehr begrenzt. Es fehlen AnsprechpartnerInnen, die den Betroffenen glauben und Hilfe anbieten. Oft verfügen die Betroffenen auch nicht über das geeignete Vokabular, und nonverbale Signale werden fehlinterpretiert oder nicht ernst genommen. Die Wahrscheinlichkeit der Aufdeckung von sexuellem Mißbrauch an Menschen mit geistiger Behinderung ist somit ziemlich gering. Daher sind diese besonders von sexueller Gewalt bedroht, denn je weniger eine

Aufdeckung zu befürchten ist, desto sicherer können sich die Täter fühlen. Dazu kommt, daß nicht selten gerade diejenigen, die als enge Betreuungspersonen in der Lage sind, die Signale der Betroffenen zu verstehen, selbst die Täter sind.
Gelingt es Menschen mit geistiger Behinderung trotz alledem, sich mitzuteilen und den Mißbrauch aufzudecken, müssen sie damit rechnen, daß von ihnen verlangt wird zu beweisen, daß der Mißbrauch stattgefunden hat. Erwachsenen Betroffenen wird oft unterschwellig oder explizit ein Unvermögen unterstellt, sich in Mißbrauchssituationen richtig verhalten zu können. Nicht der Mißbraucher wird beschuldigt, sondern die/der Betroffene. Da die Bezugspersonen selten auf die Konfrontation mit sexuellem Mißbrauch vorbereitet sind, wird das Erzählte, Gezeigte oft überhört, bagatellisiert oder als Phantasie abgetan.
Für die Verarbeitung von sexuellen Gewalterfahrungen ist die Mitwirkung der Personen des sozialen Umfeldes eine notwendige Voraussetzung. Es ist wichtig, daß den Betroffenen liebevolle Unterstützung zuteil wird von Menschen, die einfühlsam und reflektiert mit der Problematik umgehen und zu denen eine tragfähige Beziehung besteht.

> **Wenn wir sexuellen Mißbrauch aufdecken und Kinder und**
> **Erwachsene mit einer geistigen Behinderung schützen wollen,**
> **müssen wir lernen, Hinweise richtig zu deuten,**
> **Botschaften aufzunehmen und Geschichten anzuhören,**
> **wie auch immer sie uns vermittelt werden.**

Folgen

Sexuelle Übergriffe sind Angriffe auf die Persönlichkeit. Das Nichtbeachten von Körpergrenzen und die Mißachtung von Bedürfnissen sind Formen von Gewalt und werden von den Betroffenen traumatisch erlebt. Als Folge sexueller Gewalt entwickeln Betroffene diverse psychische Abwehrmechanismen wie völlige Vermeidung von Sexualität und starke Körperfeindlichkeit, Abspaltung von bestimmten Persönlichkeitsanteilen und Gefühlen, Verleugnung eigener Bedürfnisse und Verzicht auf ihre Durchsetzung oder sexuali-

siertes Verhalten. Sie empfinden ihren Körper häufig als getrennt von sich und behandeln ihn wie ein Objekt (so, wie sie selbst vom Mißbraucher behandelt wurden). Sie zeigen autoaggressive Tendenzen in Form von psychosomatischen Beschwerden, Selbstverletzungen, Süchten u.a.m.
Menschen mit geistiger Behinderung haben oft nur eingeschränkte Möglichkeiten, eigenständig zu werden und zu lernen, ihre eigenen Bedürfnisse zu zeigen und durchzusetzen. Als Folge ihrer Sozialisation fällt es ihnen besonders schwer, sich selbst und die eigenen Bedürfnisse von den Bedürfnissen der anderen klar abzugrenzen. Sie sind es gewöhnt zu gehorchen und setzen den Forderungen anderer wenig oder keinen Widerstand entgegen, können nicht „nein" sagen.
Daß Menschen mit geistiger Behinderung, die als Kinder Opfer sexueller Gewalt wurden, eigene Grenzen nicht ausreichend wahrnehmen und verteidigen können, erhöht das Risiko, daß sie in ihrem weiteren Leben immer wieder Gewalterfahrungen machen.

Intervention

Mädchen und Jungen, Frauen und Männer mit geistiger Behinderung sind verstärkt auf den Mut und die Sensibilität der sie betreuenden Menschen angewiesen, wenn es darum geht, Anzeichen ernst zu nehmen und stellvertretend für sie Schritte zu ihrem Schutz zu unternehmen. Dazu gehören Interventionsschritte, die mit äußerster Sorgfalt und sehr überlegt erfolgen müssen. Sind mehrere Institutionen oder Personen an der Intervention beteiligt, so ist auf klare Kompetenzabsprachen zu achten, und die Zusammenarbeit sowie die Interventionsschritte müssen der/dem vom Mißbrauch Betroffenen transparent gemacht werden. Soweit möglich, sollten HelferInnenkonferenzen und Gespräche auf Tonband oder Video aufgenommen werden.

Prävention

Die meisten Menschen mit einer geistigen Behinderung verfügen über weniger Hintergrundwissen zu sexueller Gewalt als Nichtbehinderte derselben Altersgruppe. Da sie bis heute in der Regel in speziellen Heimen, Kitas und Schulen separiert und gesellschaftlich isoliert sind, sind ihnen entscheidende

Informationen nicht zugänglich. Darüber hinaus sind viele von ihnen aufgrund ihrer speziellen Behinderung (visuell, sprachlich, kognitiv) von regulären Kommunikationsmöglichkeiten ausgeschlossen. Aufgrund ihres Informationsdefizites können Menschen mit geistiger Behinderung Mißbrauchssituationen schwer einschätzen und begreifen.
Eine zentrale Präventionsmaßnahme ist daher Aufklärung auf verschiedenen Ebenen. Die Problematik sollte z.B. sichtbar gemacht werden durch Aushängen von Plakaten und Auslegen von Broschüren, die auf die Fähigkeiten und Möglichkeiten dieser speziellen Zielgruppe zugeschnitten sind. Gerade hier befinden wir uns noch in der Entwicklungs- und Aufbauphase.
Notwendig ist fernerhin eine kontinuierliche sexualpädagogische Begleitung, die den individuellen Behinderungsgrad, den Entwicklungsstand und die jeweilige Kommunikationsfähigkeit berücksichtigt und auf die individuelle psychosoziale Integration abgestimmt ist. Menschen mit geistiger Behinderung haben dasselbe Bedürfnis und dasselbe Recht, ihre individuelle Sexualität zu entdecken und auszuleben wie andere Menschen. Mehr als Menschen ohne Behinderung benötigen sie hierzu Unterstützung unter anderem durch Sexualerziehung und Aufklärung.
Konzepte für die Prävention müssen die Auswirkungen berücksichtigen, die die Machtstrukturen in Familie und Institutionen auf die Beziehungen von Menschen mit geistiger Behinderung zu ihren Betreuungspersonen haben.

Fazit

Mit einem Fall von sexuellem Mißbrauch konfrontiert zu werden macht oft sprachlos. Es ruft oft Angst und Unsicherheit hervor, mit KollegInnen über Sexualität und Gewalt im Berufsalltag zu sprechen. In meiner täglichen Arbeit mache ich die Erfahrung, daß die Mehrheit der Bezugspersonen (Eltern, LehrerInnen, ErzieherInnen etc.) den Problemen und Folgen des sexuellen Mißbrauchs unvorbereitet gegenübersteht und/oder in der Aufdeckungsphase überreagiert. Oft können sie sich den Mißbrauch nicht vorstellen; sie haben sich zu dieser Thematik noch keine Gedanken gemacht oder solche zugelassen. Sie sprechen beispielsweise sofort den Täter an, ohne den Sachverhalt vorher genau zu klären. Oder sie glauben den Betroffenen nicht. Oder sie konfrontieren sofort Täter und Opfer miteinander.

Das Thema sexueller Mißbrauch an Menschen mit geistiger Behinderung mobilisiert schnell heftige Gefühle wie Wut und Haß. Solche Gefühle sind gut nachvollziehbar, und es ist auch notwendig, daß sie benannt werden, aber sie sollten in den Gesprächen der KollegInnen untereinander nicht dominieren. Zu starke Gefühlsregungen können zu Hindernissen werden, wenn es darum geht, eine klare Einschätzung des Problems vorzunehmen und optimale Hilfs- und Präventionsmöglichkeiten zu finden bzw. zu erarbeiten.
Damit die Unterstützung der Opfer nicht durch die Reaktionen der betreuenden Personen (z.B. Betroffenheit oder Abwehr in Form von professioneller Distanz) beeinträchtigt wird, müssen diese sich mit der Problematik der sexuellen Gewalt gegen Menschen mit geistiger Behinderung auseinandersetzen. Dazu gehört u.a.:

- die geltenden sexuellen Normen und die bestehenden Machtstrukturen in Frage zu stellen
- die eigene Geschlechtsrollenidentität zu reflektieren; das bedeutet auch, sich mit der eigenen Sozialisation kritisch zu befassen und ein differenziertes Bild der eigenen Familie zu entwickeln
- die Einstellung zur eigenen Sexualität zu überprüfen
- sich bewußt zu werden, wie sexuelle Gewalt sich auf das eigene Leben ausgewirkt hat bzw. auswirkt
- eigene Grenzen zu erkennen und klar zu setzen
- sich der eigenen Empfindungen und Widerstände gegenüber der Problematik sexueller Mißbrauch und geistige Behinderung klarzuwerden.

Forderungen

Es ist Aufgabe besonders der Professionellen, das Schweigen über sexuelle Gewalt an Menschen mit geistiger Behinderung zu brechen und darauf hinzuarbeiten, daß in Schulen, Heimen, Wohngemeinschaften, Werkstätten etc. darüber gesprochen und die Thematik in die Öffentlichkeit gebracht wird.
Ich möchte die Durchsetzung einer offensiven Sexualerziehung für Menschen mit geistiger Behinderung erreichen. Sie müssen darin unterstützt werden, den eigenen Körper zu begreifen und anzunehmen, zu lernen, mit Nähe und Distanz umzugehen und eigene Grenzen zu setzen, sexuelle Bedürfnisse zu

artikulieren und durchzusetzen. Menschen mit geistiger Behinderung dürfen nicht länger durch ihre Erziehung in traditionelle Geschlechtsrollen gedrängt werden. Besonders Mädchen und Frauen müssen Kompetenzen, Entscheidungsbereitschaft, Phantasie und andere Fähigkeiten mehr entwickeln und ausleben können. Es müssen Konzepte zu Lern- und Vermittlungsmethoden entwickelt und der Öffentlichkeit zugänglich gemacht werden.

Nur wenn Menschen mit geistigen Behinderungen ihre eigenen Bedürfnisse und Grenzen kennen, wenn sie selbstbewußt und in der Lage sind, nein zu sagen, können sie sexuelle Gewalt erkennen und sich gegen Übergriffe wehren.

Es ist die Verantwortung derer, denen Menschen mit geistiger Behinderung anvertraut sind, sexuelle Gewalt aufzudecken und zu benennen und für die Betroffenen Partei zu nehmen.

Literatur

Dolto, Françoise
1989: *Fallstudie zur Kinderanalyse,* Stuttgart
Haeberle, Erwin J.
1985: *Die Sexualität des Menschen. Handbuch und Atlas,* Berlin/New York
Hirsch, Matthias
1987: *Realer Inzest. Psychodynamik des sexuellen Mißbrauchs in der Familie,* Berlin
Hohn, Ernst, G.J.C.M. Verberne, Monika Daniel und Marianne Philipzig
1991: „Erscheinungsweisen der Sexualität geistig behinderter Menschen", in: Rotthaus, Wilhelm (Hg.): *Therapie in der Kinder- und Jugendpsychiatrie Band 9: Sexuell deviantes Verhalten Jugendlicher,* Dortmund
Kavemann, Barbara
1989: „Sexueller Mißbrauch im Kindesalter. Einführung in die Problematik", in: Walter, Joachim (Hg.): *Sexueller Mißbrauch im Kindesalter,* Heidelberg
1991: „Die Angst ist immer da – Sexuelle Gewalt gegen Mädchen", in: Büscher, Ulrich, Margit Gegenfurtner, Wilfried Keukens und Hans Heid: „Sexueller Mißbrauch von Kindern und Jugendlichen – Beiträge zu Ursachen und Prävention, Dokumentation einer Ringvorlesung", in: *Sozialpädagogik Band 2,* Essen, S. 9-16
Kutchinsky, Berl
1991: „Sexueller Mißbrauch von Kindern. Verbreitung, Phänomenologie und Prävention", in: *Zeitschrift für Sexualforschung 4,* S. 33-44
Pro Familia Würzburg
1989: Projektantrag, unveröffentlichtes Manuskript, Würzburg
Senn, Charlene Y.
1988: *Vulnerable. Sexual Abuse and People with an Intellectual Handicap,* Downsview, Ontario
(dt.: *Gegen jedes Recht. Sexueller Mißbrauch und geistige Behinderung,* Berlin/Ruhnmark 1993)
Sgroi, Suzanne M.
1982: *Handbook of Clinical Intervention in Child Sexual Abuse,* Lexington, Massachusetts
Walter, Joachim (Hg.)
1983: *Sexualität und geistige Behinderung,* Heidelberg

Gabriele Knapp

Sexueller Mißbrauch an Mädchen und frühkindlicher Autismus

Einige Vorbemerkungen

Als Musiktherapeutin habe ich mehrere Jahre lang mit autistischen Kindern und Jugendlichen gearbeitet. Aus Gründen der Anonymität möchte ich meine ehemalige Arbeitsstelle nur sehr allgemein beschreiben. Es war eine Tagesstätte, in der ein multiprofessionelles Team in engem Austausch zusammenarbeitete. Dies war auch der Fall, als es um die Thematik des sexuellen Mißbrauchs innerhalb der eigenen Institution ging. Ich hatte drei Jahre lang mit fünf autistischen Mädchen bzw. jungen Frauen im Alter von 13 bis 21 Jahren musiktherapeutisch gearbeitet. Im Rahmen der Therapie kam – verbal oder nonverbal – zum Ausdruck, daß fast alle der von mir betreuten Mädchen und Frauen sexuelle Gewalt erfahren hatten bzw. zu dem Zeitpunkt noch erlebten.

Zunächst fiel es mir schwer, die Tatsache zu akzeptieren, daß Menschen mit Behinderungen ebenso zu Opfern sexueller Gewalt werden können wie Nichtbehinderte. Meine Erfahrung zeigt aber, daß gerade eine Behinderung schamlos ausgenutzt wird, um Mädchen und Frauen sexuell zu mißbrauchen.

Vorurteile und Klischees über die Sexualität von Menschen mit geistiger Behinderung können m.E. auch auf den Bereich Autismus übertragen werden. Verhaltensweisen autistischer Mädchen werden oftmals einseitig als unkontrolliert, triebhaft, unbeherrscht und distanzlos interpretiert. Ich verstehe diese Sichtweise als Ausdruck von Angst und Unsicherheit von Nichtbehinderten – nicht zuletzt vor ihren eigenen sexuellen Wünschen und Phantasien. Diese gängigen Klischees verhindern, daß Menschen mit Behinderung ihre eigene sexuelle Ausdrucks- und Erlebnisform finden und tragen entscheidend dazu bei, sexuelle Gewalterfahrungen zu verschleiern. Denn sogenanntes distanzloses oder triebhaftes Verhalten eines Mädchens oder einer Frau könnte ein Hinweis darauf sein, daß sexueller Mißbrauch an ihr begangen wurde.

Frühkindlicher Autismus

Bei der Beschreibung des frühkindlichen Autismus' werde ich mich auf einige zentrale Punkte beschränken. Das Wort Autismus bedeutet Auf-sich-selbst-bezogen-Sein und beschreibt das Verhalten der Kinder sehr treffend. Sie scheinen abgekapselt in ihrer eigenen Welt zu leben, ihr Kontaktverhalten zu anderen Menschen und zur gesamten Umwelt unterscheidet sich stark von dem anderer Kinder. Entstehung und Ursachen des Autismus' sind bis heute nicht eindeutig geklärt und werden zum Teil widersprüchlich dargestellt. Die Symptomatik muß nicht von Geburt an vorhanden sein, sondern kann auch erst nach bis zu vier Jahren normaler Entwicklung beim Kind festgestellt werden, in Einzelfällen sogar noch später. Die Ursache für die Ausprägung dieser Behinderung ist das Zusammenwirken multifaktorieller Bedingungen: Zu einer erblichen Disposition kommt eine von außen auf das Gehirn einwirkende Schädigung (z.B. Hirnschädigungen durch Quetschung des Kopfes beim Geburtsvorgang; Zangengeburt) oder eine das Gehirn beeinträchtigende Krankheit (z.B. Hirnhautentzündung, Epilepsie) hinzu, die die Wahrnehmung des Kindes einschränkt. Negative Einflüsse der Umwelt können diesen Zustand eventuell noch verschlimmern (siehe H.E. Kehrer 1987, S. 24).
Die Beeinträchtigung der Sinneswahrnehmung kann sich z.B. in ungewöhnlichen Reaktionen auf bestimmte Geräusche zeigen oder in der Faszination von optischen Reizen wie flackerndem Licht, dem Kreisen einer Waschmaschinentrommel oder dem eigenen Fingerspiel. Diese stereotypen Bewegungen können die Kinder stundenlang intensiv beobachten. Sie bevorzugen den Geruchs- und Geschmackssinn gegenüber anderen Sinnen, d.h., sie beschnüffeln oder belecken Gegenstände und Personen. Körperlich sind die Kinder meist völlig gesund und altersentsprechend entwickelt.
Eine der auffälligsten Verhaltensweisen der Kinder zeigt sich im Bereich des Kontaktverhaltens. Sie versuchen, Blickkontakt mit anderen Menschen zu vermeiden. Körperliche Berührung erleben sie unterschiedlich: Einmal lehnen sie Körperkontakt wie Umarmungen und Küsse völlig ab, ein anderes Mal schei-

nen sie heftige, manchmal schmerzhafte Berührungen und Körperreize zu suchen und zu provozieren. Sie haben oft eine Neigung, sich selbst Schmerz zuzufügen, scheinen ihn jedoch nicht als solchen wahrzunehmen.
Ein Verständnis von bzw. der Umgang mit Sprache ist oft nur teilweise vorhanden. Insgesamt verstehen die Kinder mehr, als sie selbst sprachlich ausdrücken können. Statt zu sprechen machen sie sich gegenüber einer anderen Person durch Körperkontakt bemerkbar, wenn sie etwas von ihr möchten. Wenn sie sprechen können, ist es ihnen oft nicht möglich, Worte und Sätze situationsgemäß anzuwenden, beispielsweise vertauschen sie „ich" und „du" oder verwechseln andere Begriffe. Eine sprachliche Auffälligkeit ist das Echolalieren, d.h. die wörtliche Wiederholung von Worten und Sätzen, die das Kind gerade oder zu einem früheren Zeitpunkt gehört hat.
Der frühkindliche Autismus steht nicht in Zusammenhang mit der Intelligenz des entsprechenden Kindes an sich, die Einschränkung der geistigen Weiterentwicklung kommt durch das mangelnde Interesse gegenüber der Umwelt zustande. Je weniger das Kind motiviert ist, sein Rückzugsverhalten zeitweilig aufzugeben und sich äußeren Reizen zu öffnen, desto schwieriger ist es, seine Intelligenzentwicklung zu fördern. Es gibt aber auch Kinder, die durchschnittliche, ja überdurchschnittlich hohe Intelligenzleistungen zeigen. Geschlechtsspezifische Untersuchungen von Verhaltensweisen autistischer Kinder gibt es meines Wissens bisher noch nicht.
Die Darstellung der autistischen Symptomatik bezieht sich – wie es auch bei der Beschreibung anderer Behinderungsarten oft der Fall ist – sehr einseitig auf die Darstellung von Störungen. Ich möchte an dieser Stelle betonen, daß jedes autistische Kind individuelle Stärken hat, die gefördert werden können. Die Persönlichkeit eines Menschen, der von Behinderung betroffen ist, verschwindet oft hinter verallgemeinernden Symptombeschreibungen, wie auch ich sie angeführt habe.
Um jedoch meine Thesen verständlich machen zu können, ist es in diesem Zusammenhang wichtig, einige Merkmale des frühkindlichen Autismus' zu benennen. Es geht mir darum, das Spezifische dieser Behinderung und die für die Kinder daraus entstehenden Schwierigkeiten – besonders im Zusammenhang mit sexueller Gewalt – deutlich zu machen.
Im weiteren Verlauf meiner Überlegungen möchte ich mich ausschließlich auf den sexuellen Mißbrauch von Mädchen mit autistischer Behinderung konzen-

trieren, womit ich nicht ausschließe, daß Jungen im Behindertenbereich ebenfalls von sexueller Gewalt betroffen sind.

Die Verschleierung des sexuellen Mißbrauchs durch die Diagnose Frühkindlicher Autismus

Ich stelle die These auf, daß nicht ausgeschlossen werden kann, daß ein Mädchen, die autistische Verhaltensweisen zeigt, diese als Folgeerscheinung sexueller Mißbrauchserfahrungen entwickelt hat. Jedoch werden diese Verhaltensweisen als mögliche Reaktionen auf eine solche Erfahrung nicht erkannt, da sie aufgrund ihrer Vergleichbarkeit mit dem autistischen Erscheinungsbild automatisch als frühkindlicher Autismus eingestuft werden. Ich will nicht behaupten, daß jedes autistische Mädchen sexuell mißbraucht *wurde,* sondern daß sie sexuell mißbraucht sein *könnte.* Eine Gegenüberstellung von Verhaltensweisen der Mädchen, die von sexuellem Mißbrauch einerseits und Autismus andererseits betroffen sind, soll diese These untermauern. Ich beziehe mich bei diesem Vergleich auf die Literatur von Jörg Fegert (1987), Rosemarie Steinhage (1985), Helga Saller (1987) für Folgeerscheinungen nach sexuellem Mißbrauch und auf H.E. Kehrer (1987) und Lorna Wing (1980) für Symptome des kindlichen Autismus'. Dabei ergibt sich wiederum das Problem, daß die Betroffenen auf Symptomträgerinnen reduziert werden, da sie einseitig als behindert und geschädigt beschrieben werden. Ich möchte noch einmal ausdrücklich auf die Stärken der Mädchen/Frauen hinweisen, muß dabei aber besonders betonen, daß diese nicht als Indiz gegen das Vorliegen von sexuellem Mißbrauch verwendet werden dürfen. Dies würde bedeuten, das gängige Klischee aufrechtzuerhalten, daß, wer nicht dem Bild eines schwachen, gedemütigten Opfers entspricht, eigentlich keine sexuelle Gewalterfahrung gemacht haben kann. Solche Ausflüchte werden nur zu leicht gesucht, wenn Anzeichen eines sexuellen Mißbrauchs abgewehrt oder geleugnet werden sollen.

Sowohl als Folgeerscheinung einer sexuellen Mißbrauchserfahrung wie auch als Merkmal des frühkindlichen Autismus' wird ein ängstliches, mißtrauisches, unruhiges und unsicheres Verhalten der Mädchen beschrieben. Wutausbrüche, die teilweise unvermittelt zu sein scheinen, können sich in beiden Fällen zeigen wie auch die Neigung zu extremem Rückzugsverhalten oder Vereinsamung. Sowohl bei autistischen als auch bei sexuell mißbrauchten Mädchen kann es zu stark autoaggressiven Verhaltensweisen mit der Neigung zur Selbstverletzung kommen. Was als generelles Symptom für frühkindlichen Autismus gilt, zeigt sich auch nach sexuellem Mißbrauch: Die Wahrnehmung der Gefühle und der Körperempfindungen der Betroffenen ist schwer gestört. Auf körperlicher Ebene kann es zu Eßstörungen kommen, zu Schlafstörungen oder Einnässen und Einkoten – Verhaltensweisen, die auch autistische Mädchen zeigen können.

Parallelen gibt es auch bei der Beziehungsanbahnung in der Therapie. Die Mädchen scheinen durch ihr Verhalten zu fragen: „Kann ich dir überhaupt vertrauen?" und prüfen immer wieder die Verläßlichkeit der Beziehung in der therapeutischen Situation. Durch jede kleine Irritation in der Beziehung wird die Vertrauensbasis gestört, und die Mädchen ziehen sich wieder sehr in sich zurück, was aufgrund ihrer Gewalterfahrungen und der Erfahrung des permanenten Vertrauensbruches, den der Mißbrauch bedeutet, verständlich ist. Ihre äußerst hohe Sensibilität und Skepsis gegenüber Menschen, die mit ihnen Kontakt aufnehmen wollen, vergrößert das Risiko, die persönlichen Grenzen des Mädchens zu überschreiten.

Schließlich muß sowohl bei Mädchen mit der Diagnose frühkindlicher Autismus als auch bei sexuell mißbrauchten Mädchen der immer wieder angeführte Vorwurf der Lüge bzw. die Annahme, Kinder könnten sexuelle Gewalterfahrungen phantasieren, zurückgewiesen werden. Denn nach Elisabeth Trube-Becker (1982) können Kinder nicht phantasieren, was sie nicht erlebt haben. Lorna Wing (1980) stellt gleiches bei autistischen Kindern fest: „Autistische Kinder lügen niemals. Sie verstehen nicht, warum es jemals notwendig sein sollte, mit der Wahrheit hinter dem Berg zu halten. In jedem Fall fehlt es ihnen an Geschicklichkeit im Umgang mit Sprache und Gedankengängen, die Voraussetzung dafür sind, Lügen zu erfinden." (S. 45)

Wenn also ein autistisches Mädchen Hinweise darauf gibt bzw. Anzeichen erkennbar sind, daß sie sexuell mißbraucht wurde oder wird, ist die angemessene Reaktion der sie betreuenden Personen, ihr zu glauben. Denn sie kann weder etwas erfinden noch lügen. Aber oft ist die Realität eine andere: Kleine Anzeichen und Hinweise werden nicht verstanden; wenn sie verstanden werden, werden sie häufig bagatellisiert. Wenn sie ernst genommen

werden, fehlen oftmals geeignete Interventionsmöglichkeiten, um die Betroffenen zu schützen, denn der Mißbrauch findet in den meisten Fällen im engsten sozialen Umfeld des Mädchens statt.
Ich habe hier nur einige Merkmale in Verhalten und Reaktionen gegenübergestellt. Es geht mir dabei in erster Linie darum, die Sensibilität in der Wahrnehmung dieser Mädchen zu erhöhen und die große Gefährdung von Mädchen mit autistischer Symptomatik in das Bewußtsein der sie betreuenden Bezugspersonen zu rücken. Denn nur wenn der Gedanke an die sexuelle Ausbeutung von Mädchen mit einer Behinderung zugelassen wird, können auch ihre zaghaften Hinweise in diese Richtung erkannt und verstanden werden. Umgekehrt wird sie sich nur dann verständlich machen können, wenn die Bereitschaft, sie zu verstehen, für sie spürbar wird.

Fallbeispiele aus der Praxis: Hinweise auf sexuellen Mißbrauch

Ich möchte drei kurze Fallbeispiele aus meiner praktischen Arbeit vorstellen, wobei ich mich auf die Situation und die Art und Weise, in der die Betroffenen ihre Mißbrauchserfahrung in der Therapie zum Ausdruck brachten, konzentrieren werde. Ich werde darauf verzichten, jedes Mädchen mit ihrer speziellen autistischen Symptomatik zu beschreiben und aus Gründen der Anonymität die Namen verändern.
Musik war für die Mädchen das Medium, mit dem sie ihre aktuelle emotionale Verfassung mitteilen konnten. Musikmachen hatte für alle Mädchen eine spannungslösende Funktion, und ihre körperliche Unruhe ließ um so mehr nach, je länger sie mit den Instrumenten spielen oder singen konnten. Der emotionale Ausdruck über Musik und über den Körper war besonders für eines der Mädchen wichtig, die wenig sprach.
Von fünf Mädchen waren zum Zeitpunkt der Musiktherapie drei von aktuellem sexuellem Mißbrauch betroffen. Jede fand ihren eigenen Weg, darauf aufmerksam zu machen. Bei einem Mädchen blieb bis zum Ende der Therapie unklar, ob auch sie betroffen war. Ich denke, es lag auch an meiner eigenen Haltung, daß sie keine deutlicheren Zeichen setzen konnte. Nachdem ich bereits von drei Mädchen wußte, daß sie betroffen waren, wollte ich nicht

wahrhaben, daß noch ein weiteres Mädchen sexuell mißbraucht werden könnte. Heute denke ich, daß ich ihr durch meine eigene Angst vielleicht die Chance genommen habe, sich verständlich zu machen.
Vorausschicken möchte ich, daß in allen drei Fällen nach Entdeckung des sexuellen Mißbrauchs keine befriedigenden Lösungen für die betroffenen Mädchen gefunden wurden. Ich führe dies u.a. auf die durch ihre Behinderung bedingte spezielle Situation der Mädchen zurück – sie mußten entweder weiter in ihrer Familie betreut werden, weil es keine geeigneten Ganztagseinrichtungen gibt, in denen autistische Menschen leben und gefördert werden können, oder sie bekamen keinen Platz in einem Pflegeheim für Behinderte, weil ihre autistische Behinderung zu schwer ist und eine besonders intensive Betreuung verlangt. In einem Fall weigerte sich das Mädchen, ihre Familie zu verlassen. Weil keine Trennung vom Mißbraucher erfolgt ist, konnte nicht sichergestellt werden, daß Wiederholungstaten verhindert wurden.

Monika, 14 Jahre

Nach zwei Monaten Therapie begann sie, sich auffällig zu verhalten, indem sie sich zwischen die Beine faßte und schwer atmete. Sie simulierte Masturbationsbewegungen. Sie schlug mehrmals mit aller Kraft auf ein Kissen und gegen die Wand. Dieses Verhalten war nicht grundsätzlich neu, aber in der Musiktherapie vorher noch nie aufgetaucht. Denn Monika nutzte jede Minute der Therapiezeit, um mit den Instrumenten zu spielen, und Musik machen zu können war ihr außerordentlich wichtig. Zu diesem Zeitpunkt verstand ich noch nicht, was sie mir mitteilen wollte.
Zwei Wochen später war sie wieder sehr aufgeregt und sprach zur Musik klare Sätze wie „Leg dich auf mich drauf; lutsch ihn; Haxen hoch; Schlitten fahren; schlecken; tut weh, tut weh; wir müssen wieder nach Hause fahren". Sie legte wieder die Hände zwischen die Beine und nahm dieses Mal auch meine Hände hinzu. Dabei war sie angespannt und ängstlich, wand sich mit gequältem Gesichtsausdruck hin und her. Sie gab mir zu verstehen, daß ich sie umarmen und festhalten sollte. Da Monika nur sehr selten und wenig sprach und besonders stark echolalierte, ging ich davon aus, daß sie die von ihr gesprochenen Anweisungen gehört haben mußte. Für mich hatten ihre Worte einen eindeutig sexuellen Charakter, zumal sie sich körperlich entspre-

chend verhielt. Sie hatte zudem in einem anderen Zusammenhang einen Menschen gemalt, der sparsam ausgestattet war, aber m. E. über angedeutete Geschlechtsmerkmale verfügte. Diese Zeichnung gab zusätzliche Hinweise darauf, wie sie bestimmte Körperteile wahrnahm und gewichtete.

Ich sprach meinen Verdacht im Team an, und es stellte sich heraus, daß einige MitarbeiterInnen sich schon seit längerer Zeit darüber wunderten, daß Monika zeitweise Reizwäsche trug und auch sonst nicht altersentsprechend gekleidet war. Es fehlte aber bisher an eindeutigen Hinweisen. Jetzt wurde der Verdacht ernst genommen.

Schwierig war jedoch, daß das Mädchen in einem starken emotionalen Abhängigkeitsverhältnis zum Mißbraucher stand. Er war ein naher Familienangehöriger, der ihr sehr viel Zuwendung entgegenbrachte, sie im Alltag versorgte und sie sehr verwöhnte. Da langandauernde, kontinuierliche Beziehungen für Menschen mit frühkindlichem Autismus von enormer Bedeutung sind, hätte die Trennung von diesem Familienangehörigen sie in ihrer Entwicklung sehr zurückwerfen können. Aber solange sie noch in seiner Nähe war, würde der Mißbrauch ungehindert fortgesetzt werden können, was eine nicht einzuschätzende Einschränkung ihrer Weiterentwicklung zur Folge hätte haben können. Zum damaligen Zeitpunkt sahen wir nur die Möglichkeit, den Mißbraucher zu konfrontieren und ihm klarzumachen, daß Monika sich mitgeteilt hatte und es jederzeit wieder tun würde. Gleichzeitig wurde die Mutter der Jugendlichen informiert, die offensichtlich ahnungslos gewesen war. Durch die Reaktion des Mißbrauchers bei der Konfrontation bestätigte sich der Verdacht, und im Gespräch wurde er davor gewarnt, weitere sexuelle Übergriffe vorzunehmen. Wahrscheinlich hatte der Mißbrauch bereits über einen Zeitraum von sieben Jahren stattgefunden.

Für Monika ergaben sich nach diesem Gespräch massive Veränderungen in ihren Lebensumständen, da der Mißbraucher ihr jegliche emotionale Zuneigung entzog und sich ihr überhaupt nicht mehr körperlich näherte. Er verrichtete nur noch die notwendigsten hygienischen Arbeiten – wusch ihr z.B. auch nicht mehr die Haare –, entzog ihr die Hand beim Spaziergang, nahm sie nicht mehr in den Arm u.ä. Sie wurde plötzlich mit vielen Anforderungen an ihre Selbständigkeit konfrontiert, die sie in ihrer Fülle zunächst überforderten. Die nächsten Monate zog sie sich sehr in sich zurück, sprach viel weniger als zuvor, ihr Gesamtzustand verschlechterte sich. Die MitarbeiterInnen der

Arbeitseinrichtung versuchten sie durch vermehrte Zuwendung und Aufmerksamkeit in dieser problematischen Phase aufzufangen. Es dauerte ca. acht Monate, bis Monika mit den Veränderungen zurechtkam. Sie schien danach offener für ihre Umwelt zu sein und konnte sich sehr viel besser abgrenzen. Durch den Zwang zur Selbständigkeit wirkte sie selbstbewußter und konnte – auch wieder verbal – ihre Meinung durchsetzen sowie Enttäuschungen besser verkraften.

Katja, 13 Jahre

Katja bevorzugte in der Therapie Singen und Bewegung. In einem Lied brachte sie – so gut es ihr sprachlich möglich war – ihre sexuellen Gewalterfahrungen zum Ausdruck. Auf meine Nachfrage konnte sie sehr genau beschreiben, was passiert war. Einmal wurde sie von einem männlichen Familienmitglied gezwungen, ihn manuell zu befriedigen. Ein anderes Mal wurde sie von einem anderen nahen Verwandten nachts geweckt, sollte sich vor ihn hinknien, beten und ihn dann sexuell stimulieren. Beides geschah gegen ihren Willen; sie fand es eklig, wie das „weiße Zeug da rauskam". Sie wehrte sich aber nicht, denn sie wurde mit Drohungen eingeschüchtert, und ihr wurde eine Belohnung versprochen.

Es war in der Einrichtung bekannt, daß Katja bereits zuvor in ihrem engsten Familienkreis sexuell mißbraucht worden war. Daher schien die Trennung von der Familie die einzige Lösung. Die Unterbringung in einem Heim scheiterte jedoch, weil Katja sich beim Vorstellungsgespräch äußerst aggressiv verhielt und sich nicht beruhigen ließ. Sie blieb weiter in ihrem familiären Bezugsfeld. In der Einrichtung wurde sie anschließend sehr intensiv von einer Mitarbeiterin betreut mit der Intention, Katja über dieses Vertrauensverhältnis präventiv zu schützen und ihr jederzeit eine Aussprache zu ermöglichen.

Sie erhielt sexuellen Aufklärungsunterricht und lernte, wie sie sich gegen sexuelle Übergriffe zur Wehr setzen konnte und daß sie das Recht dazu hatte. Dennoch wurde sie ein Jahr später auf einer Ferienfahrt, an der Jugendliche mit unterschiedlichen Behinderungsarten aus verschiedenen Einrichtungen der Stadt teilnahmen, von einem älteren Jungen vergewaltigt. Sie konnte sehr genau beschreiben, was er getan hatte und den Jungen wiedererkennen. Der Jugendliche hatte ihr ebenfalls eine Belohnung versprochen. Von seiten der

Reiseveranstalter wurde nichts unternommen, um den Vorfall aufzuklären, obwohl der Betreuungsbegleitung vor der Reise mitgeteilt worden war, daß Katja gefährdet war. Die Veranstalter ließen durchblicken, daß im Falle einer Anzeige gegen sie Katjas Glaubwürdigkeit angezweifelt werden würde.

Ina, 17 Jahre

Der dritte Verdacht auf sexuellen Mißbrauch kam nicht in der Therapie selbst auf, sondern durch eine Skizze, die Ina nach einer intensiven, spannungsreichen Sitzung innerhalb weniger Sekunden anfertigte. Sie konnte sehr gut zeichnen und tat dies, sobald sie aufgefordert wurde. Sie zeichnete immer Dinge, die sie selbst erlebt und gesehen hatte. Zeichnungen nichtbehinderter Mädchen, die sexuell mißbraucht wurden, zeigen häufig übergroße primäre und sekundäre Geschlechtsteile, Menschen ohne Gesichter, große dunkle Öffnungen, in die etwas eingeführt wird u.ä. Auf Inas Skizze ist eine Person mit gespreizten Beinen erkennbar und zwischen den Beinen ein großer Gegenstand, der ein übergroßes männliches Geschlechtsteil darstellen könnte. Die Person wird von hinten in Brusthöhe umfaßt. Obwohl Ina sonst sehr deutlich mimisch detaillierte Gesichter zeichnet, ist auf dieser Zeichnung keines zu sehen, ja noch nicht einmal ein Kopf. Diese Skizze machte alle Teammitglieder aufmerksam, und der Verdacht wurde größer, als sich Ina wenige Tage später quer über die Beine der drei männlichen Mitarbeiter legte und mehrmals sagte: „Puller lecken." Auf Nachfragen, was das bedeuten solle, gab sie keine Antwort.
Da der Verdacht nicht konkretisiert werden konnte, wurde der Kontakt zu den Eltern intensiviert und besonders der Austausch mit der Mutter angestrebt. In diesen Gesprächen wurden zwar familiäre Schwierigkeiten bekannt, sie ließen jedoch keine Rückschlüsse auf sexuellen Mißbrauch zu. Gleichzeitig wurde in der Einrichtung die Aufmerksamkeit gegenüber Ina und möglichen weiteren Hinweisen verstärkt. Ina zeigte jedoch keine neuen Anzeichen, so daß der Verdacht nicht erhärtet werden konnte und die Angelegenheit im dunkeln blieb.

Auslöser für den Verdacht auf sexuellen Mißbrauch war in den drei beschriebenen Fällen ein mehr oder weniger auffälliges Verhalten der Mädchen, das eine sexuelle Komponente beinhaltete. Wird ein solches Verhalten vorurteilsbesetzt behandelt, d.h., in erster Linie als triebhaft oder distanzlos bezeichnet und ignoriert, ist den Betroffenen eine entscheidende Möglichkeit genommen, sexuelle Gewalterfahrungen mitzuteilen. Haltung und Reaktion der MitarbeiterInnen auf das sexualisierte Verhalten des Mädchens sind von entscheidender Bedeutung.

Wie in den Fallbeispielen deutlich wurde, ist es nicht immer einfach, den sexuellen Mißbrauch zu erkennen und ihn zu verhindern. Die Schwierigkeiten, die sich für die Betroffenen aus ihrer veränderten Lebenssituation ergeben, im Team bzw. in der Familie aufzufangen und mitzutragen, ist nicht leicht. Es kann sein, daß sich bereits gestärkte Fähigkeiten und Eigenschaften des Mädchens rückläufig entwickeln und sie nur mit großer Empathie und Geduld gefordert und gefördert werden kann. Auch wenn es zunächst den Anschein hat, die Situation des Mädchens habe sich nach der Entdeckung des sexuellen Mißbrauchs eher verschlechtert als verbessert, muß m. E. der Schritt, ihre weitere sexuelle Ausbeutung zu verhindern, in jedem Fall unternommen werden. Sexuelle Gewalt gegen ein Mädchen wird ihre gesamte Persönlichkeitsentwicklung, wie sie im Rahmen ihrer Behinderung gegeben ist, massiv beeinträchtigen und hemmen. Daher liegt es in der Verantwortung ihrer Bezugspersonen, sich *gegen* diese Gewalt und *für* die bestmögliche Entwicklung des Mädchens einzusetzen.

Schlußbemerkung

Solange bestimmte von mir aufgezeigte Verhaltensweisen von Mädchen mit der Diagnose frühkindlicher Autismus nicht *auch* als mögliche Folgeerscheinungen sexuellen Mißbrauchs interpretiert werden, bleibt dieser bei vielen Betroffenen unentdeckt. Die Mißbraucher können ihre sexuellen Übergriffe und Gewalttaten ungehindert fortsetzen, solange an gängigen Klischees über Sexualität und Behinderung festgehalten wird. Die medizinische Diagnostik, die Rechtsprechung und Vorurteile von nichtbehinderten Menschen tragen auf diese Weise dazu bei, daß Menschen mit Behinderung zu „sicheren Opfern" werden.

Das Verhältnis zwischen Mißbraucher und betroffenem Mädchen ist ein doppeltes Gewaltverhältnis: Es ist zum einen durch das Generationsgefälle zwischen Erwachsenem und Kind bestimmt, zum anderen durch das ungleiche Machtverhältnis zwischen Mann und Frau (vgl. Barbara Kavemann 1984). Ich meine, daß in der Beziehung zwischen einem behinderten Mädchen und einem nichtbehinderten Mann ein weiteres Gewaltmoment vorhanden ist, so daß das Verhältnis von Mißbraucher und Betroffener ein dreifaches Gewaltverhältnis ist. Es resultiert aus dem ungleichen Verhältnis, das durch die extreme Abhängigkeit der Menschen mit Behinderung von physischer und psychischer Betreuung durch nichtbehinderte Bezugspersonen entsteht.
Der erste Schritt, sexuelle Gewalt gegen Mädchen und Frauen aufzudecken, besteht darin, sich mit eigenen Vorurteilen und Klischees über Sexualität und Behinderung auseinanderzusetzen und mit der Tatsache, daß Mädchen und Frauen trotz oder gerade *wegen* ihrer Behinderung sexuell mißbraucht werden. Nur so kann eine größere Sensibilität für die Ausdrucksformen der Mädchen und Frauen entstehen, mit denen sie auf ihre Situation aufmerksam machen wollen.

Literatur

Bundesverband Hilfe für das autistische Kind e.V.
o.J.: *Diagnose? – Autismus! – Was tun?,* Informationsschrift

Fegert, Jörg M.
1987: „Sexueller Mißbrauch von Mädchen und Jungen", in: Arbeitskreis „Sexuelle Gewalt" beim Komitee für Grundrechte und Demokratie e.V. (Hg.): *Gewaltverhältnisse. Eine Streitschrift für die Kampagne gegen sexuelle Gewalt,* Sensbachtal

Kavemann, Barbara und Ingrid Lohstöter
1984: *Väter als Täter. Sexuelle Gewalt gegen Mädchen,* Reinbek

Kehrer, H.E.
1987: „Symptome des infantilen Autismus", unveröffentlichte Merkmalsliste, Lüdenscheid

Saller, Helga
1987: „Das Erkennen von sexuellem Mißbrauch – Therapeutisch orientierte Interventionen", in: Bevollmächtigte der Hessischen Landesregierung für Frauenangelegenheiten (Hg.): *Sexueller Mißbrauch von Mädchen,* Wiesbaden

Steinhage, Rosemarie1985: „Auswirkungen der sexuellen Gewalterlebnisse im Leben der Mädchenund Frauen", in: Wildwasser e.V. (Hg.): *Sexueller Mißbrauch von Mädchen – Strategien zur Befreiung,* Berlin

Trube-Becker, Elisabeth
1982: *Gewalt gegen das Kind. Vernachlässigung, Mißhandlung, sexueller Mißbrauch und Tötung von Kindern,* Heidelberg

Walter, Joachim (Hg.)
1983: *Sexualität und geistige Behinderung,* Heidelberg

Wing, Lorna
1980: *Das autistische Kind. Merkmale einer Behinderung und Hilfen für deren Überwindung,* Ravensburg

Pamela Bauer

Nina – Beschäftigungstherapie mit einem neunjährigen Mädchen

Zu Beginn des Jahres 1991 wurde in unserem Therapeutenteam von seiten der Kinderheimleitung nachgefragt, wer bereit wäre, Nina* in die Beschäftigungstherapie zu übernehmen. Nina, neun Jahre alt, lebt seit einem Jahr im Heim und besucht die 2. Klasse einer Integrationsschule. Sie hat eine leichte geistige Behinderung und eine Sprachstörung. Nina wurde von ihrem vierten Lebensjahr an bis zur Heimeinweisung von ihrem Vater sexuell mißbraucht. Zur Einarbeitung in die Thematik des sexuellen Mißbrauchs und zur Unterstützung des Therapieverlaufs wurde eine regelmäßige Supervision zugesagt. Da ich Nina kannte, sie gern hatte und ihr helfen wollte, entschloß ich mich, diese Therapie zu übernehmen.

Nina kommt seit Februar 1991 zweimal in der Woche für eine Stunde zu mir. Die ersten Therapiestunden begann ich mit neutralen Gesellschafts- und Legespielen, um eine Vertrauensbasis zu schaffen. Nina verhielt sich sehr geschickt dabei, zeigte jedoch ein recht angepaßtes Verhalten. Um mich mit ihr langsam an das Thema des sexuellen Mißbrauchs heranzutasten, ließ ich sie zwei vorgedruckte Figuren in Vorder- und Rückenansicht ausmalen und die einzelnen Körperteile benennen. Auffällig war, daß Nina die einzelnen Gliedmaßen mit unterschiedlichen Farben ausmalte – Arme rot, Beine gelb. Sie benannte alle Körperteile, aber bei den Geschlechtsorganen wich sie aus. In den folgenden Therapiestunden unterhielten wir uns über Sachen wie baden, in den Arm nehmen, trösten, kämmen etc., und ich fragte Nina danach, von wem sie diese Dinge gerne hat (z.B.: „Von wem läßt du dich gerne kämmen?" – Nina hat lange Haare, die sie mag, und sie läßt sich gern unterschiedliche Frisuren machen). Sie nannte verschiedene ErzieherInnen, verneinte dagegen mehrfach, es vom Vater gern zu haben.

Da ich es noch für zu schwierig und zu früh hielt, den sexuellen Mißbrauch mit Nina auf der verbalen Ebene anzugehen, konzentrierte ich mich anfangs

* „Nina" ist ein Pseudonym.

im ersten Teil der Therapiestunde auf die Körperarbeit, um Nina langsam eine annehmende Beziehung zu ihrem eigenen Körper zu ermöglichen. So duschten wir z.B. in den ersten acht Wochen in Badeanzügen gemeinsam und malten uns dabei gegenseitig mit farbiger Seife an. Wir cremten uns gegenseitig ein oder massierten einander an Armen und Beinen, was wir bis heute beibehalten haben. Ich achte hierbei genau darauf, wo Ninas Grenzen sind und wo ihr der Körperkontakt zu viel und zu eng wird.

Am Anfang war Nina recht zurückhaltend und ließ sich nur kurz die Schultern massieren. Dabei wirkte sie sehr verkrampft, wollte aber immer wieder von sich aus massiert und eingecremt werden. Ich versuche, Nina zu vermitteln, daß eine solche Art von Körperkontakt, der die eigenen Grenzen und Wünsche respektiert, etwas sehr Schönes ist und nichts gemeinsam hat mit ihren bisherigen negativen Körpererlebnissen. Mit der Zeit entspannte sich Nina mehr und mehr; inzwischen kann sie sich recht gut auf das Massieren konzentrieren und einlassen.

Um die Körperwahrnehmung zu intensivieren (Verstärkung der angenehmen Seite des Körpergefühls), buddelten wir uns im Sommer im Sandkasten des Gartens gegenseitig die Hände und Füße ein. Nina mag das Gefühl des warmen Sandes auf der Haut, scheint aber im Kleinkindalter wenig Erfahrung damit gemacht zu haben. Immer wieder klopfte sie sich den Sand von der Kleidung und wunderte sich, daß mich der Sand überhaupt nicht störte.

Im Heimschwimmbad wirkt Nina nach wie vor unsicher; sie nimmt sich viel Zeit, bis sie nach mehrmaliger Aufforderung zu mir ins Wasser kommt. Sie bleibt die ganze Zeit über auf ihrer Badematte (eine dünne Spezialmatte aus dem Krankengymnastikbereich), obwohl sie im 50 cm tiefen Wasser gut stehen kann.

Den zweiten Teil der Therapiestunde verbringt Nina mit Malen. Dies ist eine gute Möglichkeit für sie, das Erlebte zu verarbeiten, da sie es sehr gerne mag. Zu Beginn der Therapie malte Nina vorwiegend in dunklen Tönen wie Schwarz, Braun, Lila, und zwar meistens Häuser ohne Fenster und Türen. Nach den ersten drei Monaten wurden Ninas Farben heller. Sie malte Fenster in die Häuser und begann, den Figuren Gesichter zu malen. Im Laufe der Zeit ließ Ninas Waschzwang nach. Inzwischen rennt sie nicht mehr ständig zum Wasserhahn, um z.B. Tuschfarben von ihren Händen abzuwaschen. Sie versucht jetzt sogar, ihre Finger zum Malen einzusetzen.

In einer Therapiestunde im Juni 1991 zeigte sie große Angst vor einer Person, die sich draußen auf dem Gang bewegte. Auf mein Nachfragen hin meinte Nina, daß draußen ein Zauberer sei, der sie verzaubern könnte. Danach malte sie einen großen schwarzen Mann, den sie Otto nannte.
Über jedes Bild versuche ich mit Nina ins Gespräch zu kommen, indem ich es mir beschreibe lasse (Farben angenehm/unangenehm, Formen, Figuren ...). Ihre gemalten Bilder kommentiert sie noch immer sehr wenig, auf meine Fragen kommen nur knappe Antworten. Deswegen äußere ich mich von meiner Seite mehr zu den Bildern, erzähle, was ich sehe oder woran mich die Zeichnung erinnert. Seit ein paar Wochen fordert Nina mich manchmal zum Mitmalen auf, bleibt dann aber nicht bei ihrem Bild, sondern versucht, meines zu übermalen.
Im letzten Vierteljahr ist Nina aufgeschlossener geworden. Sie erzählt mir von der Schule, hat mich nach meinem Zuhause und meinem Mann gefragt. Sie kommt gern zu den Therapiestunden. Die besondere Zuwendung in der Einzeltherapie und der intensive Körperkontakt scheinen ihr gutzutun.
Auch wenn ich im Laufe der Zeit immer wieder an meine Grenzen gekommen bin und mir die Auseinandersetzungen zu persönlich wurden und sehr nahe gingen, bin ich froh, mich auf die Therapie mit Nina eingelassen zu haben. Ich freue mich darüber, daß die Beziehung zwischen ihr und mir vertrauter geworden ist. In der Supervision habe ich viel über mich und meine eigene Beziehung zur Sexualität gelernt, was mich für die Therapiearbeit stärkte und festigte, wenn es mir auch nicht immer leichtfiel.
In der Beschäftigungstherapie (Ergotherapie) soll die Eigen- und Fremdwahrnehmung von Kindern verbessert werden. Mein primäres Ziel ist, Nina eine positive Körperwahrnehmung zu ermöglichen und zu erreichen, daß sie von sich selbst in der Ich-Form spricht, statt wie bisher in der dritten Person (z.B. „Ich möchte" statt „Nina möchte" oder „Ich will nicht" statt „Nina will nicht"). Längerfristig gesehen hoffe ich, daß die Therapie Nina eine Hilfe sein kann, die emotionalen Verletzungen, die sie durch den Mißbrauch erlitten hat, zu verarbeiten. Außerdem hoffe ich, daß sie sich, indem sie lernt, sich gegen Handlungen, die sie nicht will, zu wehren, vor einem erneuten Mißbrauch schützen kann.

Die Therapie wurde inzwischen beendet, und Nina hat eine Therapie außerhalb des Kinderheimes aufgenommen.

Aiha Zemp

Die psychischen Folgen sexueller Ausbeutung und die Notwendigkeit von Therapie

Es waren die Feministinnen, die Anfang der 80er Jahre das Thema der sexuellen Ausbeutung von Mädchen und Frauen unter Berufung auf das uneingeschränkte Recht aller Menschen auf körperliche Selbstbestimmung aus der Tabuzone geholt haben. Fast zehn Jahre später wird ein noch größeres Tabu von uns Betroffenen ans Tageslicht geholt: die sexuelle Ausbeutung von Frauen und Mädchen mit Behinderungen.

Dieses Tabu spiegelt die schizophrene Einstellung der Gesellschaft gegenüber der Sexualität von behinderten Frauen und Männern wider. Einerseits wird uns Sexualität nach wie vor abgesprochen, und das Ausleben von Sexualität wird auch heute noch durch institutionelle Rahmenbedingungen verhindert. Andererseits werden sowohl körperlich als auch geistig Behinderte in Familien, Heimen, Arztpraxen, beim Orthopäden, auf dem Schulweg, in der Physiotherapie usw. sexuell ausgebeutet. Und zwar zum größten Teil von Männern.

Sexuelle Ausbeutung besteht in sexuellen Handlungen eines Erwachsenen mit oder an Kindern oder physisch und/oder geistig abhängigen Menschen, die aufgrund ihres emotionalen und/oder intellektuellen Entwicklungsstandes oder ihrer körperlichen Handicaps nicht in der Lage sind, diese sexuelle Handlung zu bewerten und ihr frei zuzustimmen. Dabei werden vom Erwachsenen die ungleichen Machtverhältnisse ausgenutzt, um die Betroffenen zur Kooperation zu überreden oder zu zwingen. Die Verpflichtung zur Geheimhaltung verurteilt die Betroffenen zu Sprachlosigkeit, Wehrlosigkeit und Hilflosigkeit.

In der Regel werden Menschen mit Behinderungen negativ bewertet. Es wird ausschließlich untersucht, was *fehlt* und was sie *nicht* können. Das führt dazu, daß behinderte Mädchen und Jungen sich schon sehr früh ein negatives Körperbewußtsein aneignen. Dies wird noch dadurch verstärkt, daß sie in der Regel öfter zur ärztlichen Untersuchung und ins Krankenhaus müssen als andere Kinder. Durch die vielen Sonderbehandlungen wie Therapien, Operationen etc. wird ihnen das Gefühl vermittelt: „Mit mir ist etwas nicht in Ordnung."

Mädchen und Jungen mit Behinderungen haben nicht nur keine Intimsphäre, für sie gehören auch Eingriffe und Verletzungen zum Alltag, und sie wachsen mit dem Gefühl auf, „an mir darf jede und jeder herumfummeln" – ÄrztInnen, PflegerInnen, TherapeutInnen und andere. Dabei werden allzuoft wie selbstverständlich auch die Geschlechtsteile angefaßt. Die Intimsphäre wird mißachtet, als seien Menschen mit Behinderungen geschlechtslose Wesen. Welche/r Behinderte kennt nicht die fürchterliche Situation, nackt ÄrztInnen oder StudentInnen vorgeführt zu werden! Solche Eingriffe in die Persönlichkeitssphäre dürfen nicht als unbedeutend abgetan werden, sie bleiben nicht folgenlos und können eine sehr zerstörerische Wirkung haben. Viele Mädchen und Jungen mit Behinderungen entwickeln Ekel- oder andere negative Gefühle gegenüber ihrem eigenen Körper.

Die Grenzen zwischen körperlicher Bloßstellung aus medizinischem Interesse und sexueller Ausbeutung sind fließend; beides bedeutet einen Eingriff in die persönliche Integrität.

Die Folgen sexueller Ausbeutung sind für Menschen mit Behinderungen dieselben wie für Nichtbehinderte. Oft sind sie jedoch in noch größerem Ausmaß betroffen, da Menschen mit Behinderung aufgrund ihrer existentiellen Abhängigkeit von Betreuungspersonen noch schlechtere Chancen haben, der Mißbrauchssituation zu entkommen. Welche Möglichkeiten hat z.B. eine Frau mit einer körperlichen Behinderung, die im Heim von einem Pfleger sexuell ausgebeutet wird, wenn dieser von der Institution nicht sofort entlassen wird? Oft wird die Wahrung des Rufs einer Institution über das Wohl der BewohnerInnen gestellt. Die betroffene Frau hat in der Regel keine andere Möglichkeit, als in dem Heim zu bleiben, zumal Frauenhäuser in den seltensten Fällen rollstuhlgängig sind und es leider auch noch keine „Männerhäuser" für die Täter gibt!

Traumatische sexuelle Erfahrungen führen dazu, daß sexuelle Aktivität mit negativen Gefühlserinnerungen besetzt ist, was zu einer Aversion gegen Intimität und sexuelle Stimulierung führen kann. Oft werden Liebe und Sexualität verwechselt, was zur Folge haben kann, daß betroffene geistig behinderte Frauen sich völlig grenzenlos verhalten und sich sexuell anbieten.

Behinderte Menschen, die sexuell ausgebeutet werden, sind auf zweifache Weise betroffen. Da die Opfer in der Regel vom Täter zur Geheimhaltung gezwungen und für die Tat verantwortlich gemacht werden („Du hast es ja gern."; „Du hast es ja gewollt."), entwickeln sie Scham- und Schuldgefühle. So wird das Gefühl des Ausgestoßenseins, das Behinderte aufgrund ihrer Ghettosituation sowieso schon kennen, noch verstärkt und das ohnehin oft schlechte Selbstwertgefühl noch mehr erschüttert. Nicht selten sind die Entwicklung von Süchten und Tendenzen zur Selbstzerstörung bis hin zum Suizid die Folgen.

Opfer von sexueller Ausbeutung sind in ihrem Vertrauen getäuscht worden; ihre Abhängigkeit wurde ausgenutzt, um sie zu manipulieren. Statt Schutz und Hilfe (auf die ständig angewiesen zu sein an sich schon nicht einfach ist) zu erhalten, erfuhren sie Ausbeutung und Verletzung. Dies führt zu Mißtrauen, Wut und Feindseligkeit, aber auch zu großer Trauer und Depression. Opferhaltung und Dulderrolle, in der Behinderte nicht selten gefangen sind, werden so noch verfestigt. Durch das Erlebnis, daß die Körpergrenzen gegen den eigenen Willen überschritten wurden, wird das ohnehin schon vorhandene Gefühl des Ausgeliefertseins von Menschen mit Behinderungen in massiver Weise bestätigt. Die wiederholte Erfahrung von Hilflosigkeit und der Unmöglichkeit, der Gewalt ein Ende zu setzen, führt bei den Betroffenen zu der Überzeugung, machtlos zu sein und keinen Einfluß nehmen zu können auf das, was mit ihnen geschieht. Das Gefühl von Ohnmacht und Ausgeliefertsein führt zu Angst- und Panikattacken, die sich z.B. in Zwängen und Phobien zeigen.

An den Folgen sexueller Gewalt haben alle Betroffenen zu tragen, körperlich oder geistig Behinderte wie Nichtbehinderte. Der weit verbreitete Irrglaube, für geistig Behinderte sei sexuelle Ausbeutung weniger schlimm, dient der Verharmlosung. Die Möglichkeiten der Heilung sind für Behinderte aufgrund der äußeren Umstände eingeschränkt. Wo sind die rollstuhlgängigen Psychotherapiepraxen, wo die Therapeutinnen, die bereit sind, sich sowohl mit der Problematik der sexuellen Ausbeutung als auch der Behinderung auseinanderzusetzen? Die Arbeit mit geistig behinderten Frauen erfordert spezielle Fachkenntnisse, und die Zahl der Psychotherapeutinnen, die solche Fachkenntnisse (und seien sie nur minimal) besitzen, ist verschwindend gering.

Eine Kollegin von mir arbeitet seit drei Jahren mit einer überlebenden geistig behinderten Frau. Ich zitiere sie:

„Nach den gemachten Erfahrungen glaube ich nicht, daß das Vorurteil haltbar ist, geistig behinderte Menschen hätten kein Langzeitgedächtnis und vergäßen daher ein Ausbeutungserlebnis ohnehin. Ich habe in der Therapie viel mit den anatomischen Puppen gearbeitet.* Ich habe gestaunt: Jedes Detail ist zum Vorschein gekommen. Ich habe diese Methode zu ganz verschiedenen Zeiten angewendet, und die sexuell ausgebeutete Frau hat mir jedes Mal genau das gleiche gezeigt. Es wurde auch sehr deutlich, wie der Mann sie bedroht haben muß. Er sagte ihr, daß sie ‚eins aufs Dach kriege', wenn sie der Mutter oder sonst jemandem etwas erzähle. Das hat sie immer wieder gesagt, ‚eins aufs Dach'. Natürlich ist das therapeutische Arbeiten mit ihr etwas anders als mit nichtbehinderten Betroffenen. Ich habe von Anfang an mit ihr im Beisein ihrer Mutter gearbeitet; ich wollte die Therapie mit ihr nicht zu einem isolierten Geschehen werden lassen. Es ist mir wichtig, daß die Mutter weiß, wo wir im Prozeß stehen, damit sie ihn zu Hause im Alltag ganz gezielt unterstützen kann. So muß die Frau z.B. lernen, daß sie nein sagen darf, sie muß Widerstand leisten können. Das bedeutet, daß sie zu Hause plötzlich auch nein sagt, wenn die Mutter sie bittet, abzuwaschen. In diesem Fall ist es wichtig, daß die Mutter das akzeptiert. Oder es war wichtig, daß sie gerade auch in den therapeutischen Sitzungen lernte, sich an ihre Mutter wenden zu können, wenn sie Angst hat. Ich wollte sie auf diesem Weg lehren, sich Hilfe zu holen, wann immer sie welche braucht. Ich wiederhole vieles, um immer wieder zu überprüfen, was sie behalten und verstanden hat. Ich tue das regelmäßig mit ganz konkreten Beispielen, ich frage z.B.: ‚Was machst du, wenn ein Mann kommt und etwas von dir will, das du ihm nicht geben oder nicht mit ihm machen willst?' Aber sonst ist das Arbeiten mit ihr eigentlich das gleiche wie mit anderen auch, höchstens ein bißchen langsamer und noch subtiler."

Das Beispiel macht deutlich, daß diese traumatischen Erlebnisse auch mit geistig behinderten Frauen therapeutisch aufgearbeitet werden können. Die Arbeit beinhaltet immer gleichzeitig auch Prävention, weil in diesem Zusammenhang neue Verhaltensmöglichkeiten vermittelt werden können.

* Zur therapeutischen Arbeit mit anatomischen Puppen siehe:
Elke Garbe (1991): *Martha. Psychotherapie eines Mädchens nach sexuellem Mißbrauch*, Münster
Elke Garbe (1993) in: Fegert, Jörg M. und Marion Mebes (Hg.): *Anatomische Puppen. Hilfsmittel für Diagnostik, Begutachtung und Therapie bei sexuellem Mißbrauch*, Ruhnmark.

Die *Prävention* ist generell ein zentraler Punkt in der Arbeit zum Thema sexuelle Ausbeutung von behinderten Menschen. Dazu gehört u.a., daß Menschen mit einer Behinderung an ihrem Verhältnis zum eigenen Körper arbeiten. In der Präventionsarbeit sollen Mädchen und Jungen nicht nur theoretisch lernen, sondern auch praktisch erfahren, daß ihr Körper so, wie er ist, liebenswert ist, daß sie mit ihm positive Erfahrungen machen können und keine wie auch immer geartete „Normalität" Maßstab für ihre Erfahrungen sein darf. Auf diese Weise sollen Menschen mit Behinderungen erfahren, daß ihr Körper schützenswert ist. Sie sollen darin unterstützt werden, ihren Gefühlen und ihrer Intuition zu vertrauen. Medizinische VersorgerInnen müssen jedem Körper, auch dem behinderten, Achtung entgegenbringen und ihn ehrfurchtsvoll behandeln. Menschen mit Behinderungen dürfen nicht wie Anschauungsobjekte vorgeführt werden, auch nicht zu Lehr- oder Forschungszwecken.
Menschen mit Behinderung sind wie alle Menschen von Geburt an sexuelle Wesen und müssen dementsprechend behandelt werden. Die Dulderrolle muß endgültig abgeschafft werden: Menschen mit Behinderungen haben das Recht, nein zu sagen, wenn sie etwas nicht wollen; sie müssen sich nicht, weil sie auf Hilfe angewiesen sind, anpassen. Es muß eine Sexualerziehung gewährleistet sein, die sich an den der jeweiligen Behinderung entsprechenden Fähigkeiten orientiert und damit garantiert, daß Menschen mit Behinderungen umfassend informiert werden.
Nichtbehinderte, gleichgültig, in welcher Position oder Beziehung zu Behinderten sie stehen, sollen sich künftig nicht mehr das Recht nehmen können, für Frauen und Männer mit Behinderungen darüber zu entscheiden, ob, wann, in welchem Rahmen mit wem welche Art von Sexualität gelebt werden darf oder nicht. Wir bestimmen selbst über unsere Sexualität und sagen ab jetzt auch **nein!**

Anne Voss

US-amerikanische Präventionsmodelle

Vorbemerkung

In der folgenden Darstellung sollen die von Maureen Crossmaker, Suzanne Sgroi u.a. sowie Bonnie O'Day u.a. entwickelten Programme zur Prävention von Gewalt an Mädchen und Jungen mit Behinderungen vorgestellt werden. Die Ansätze zeigen zwar in vielen Punkten Ähnlichkeiten und Parallelen, setzen aber in einigen Detailfragen unterschiedliche Schwerpunkte:
Im Rahmen des „Assault Prevention Training" (Training zur Vorbeugung gegen Angriffe) von Crossmaker wird verbale, physische und sexuelle Gewalt leicht nachvollziehbar beschrieben, und Situationsbeispiele werden in Rollenspielsequenzen ausprobiert. Sgroi gibt Anregungen für den Einsatz anatomischer Puppen in der Arbeit mit geistig behinderten Menschen, während O'Day den Einsatz vielfältiger Materialien vorschlägt, wodurch differenzierter auf verschiedene Behinderungsformen eingegangen werden kann.
Crossmaker legt Wert darauf, daß in der Arbeit mit Mädchen und Jungen geschlechtsspezifische Aspekte berücksichtigt werden und die Inhalte dementsprechend differenziert ausgerichtet sind. O'Day und Sgroi beziehen sich in ihren Ansätzen auf beide Geschlechter, ohne jedoch auf bestehende Rollenstereotypien und das besondere Ausmaß der Gewalt gegen Mädchen einzugehen.
Für Crossmaker ist es entscheidend, daß die Frauen und Männer, die das „Assault Prevention Training" durchführen, nicht zum Betreuungspersonal gehören. Sie problematisiert, daß Übergriffe häufig von betreuenden Personen ausgeübt werden und Betroffene befangen sind, wenn das Trainingsprogramm durch sie angeleitet wird. Behinderte, die Persönlichkeitsverletzungen durch Betreuungspersonen erfahren haben, können hierüber keine Mitteilungen machen, solange diese anwesend sind.
O'Day sieht Vorteile darin, wenn LehrerInnen, ErzieherInnen und andere wichtige Bezugspersonen in ihren Schulklassen, Wohngruppen etc. sexuellen

Mißbrauch in Zusammenarbeit mit MitarbeiterInnen der entsprechenden Fachberatungsstellen thematisieren. Für sie steht im Vordergrund, daß vertrauenswürdige Bezugspersonen wichtige Vorinformationen über die jeweilige Zielgruppe geben können, was die Thematisierung des sexuellen Mißbrauchs entscheidend erleichtert. Wenn Hinweise über die Form einzelner Behinderungen und gegebenenfalls über vermuteten sexuellen Mißbrauch schon im Vorfeld bekannt sind, ist eine ge-zieltere Vorbereitung des Gespräches möglich. Die individuellen Bedürfnisse der Gruppenmitglieder können besser berücksichtigt werden.
Crossmaker betont, daß Verhaltensänderungen auf der individuellen Ebene wichtig, aber nicht ausreichend sind, um Gewalt gegen Menschen mit Behinderungen zu verhindern. Sie hält Veränderungen auf institutioneller und gesellschaftlicher Ebene für unabdingbar. Um die besondere Verletzlichkeit von Menschen mit Behinderungen durch Übergriffe seitens ihrer Betreuungspersonen abzubauen, müssen bestehende Abhängigkeitsstrukturen aufgelöst und umfassende Integrationsmaßnahmen realisiert werden. Im Gegensatz zu diesen weitergehenden Überlegungen konzentrieren sich Sgroi und O'Day ausschließlich auf den Bereich sexueller Gewalt und auf die Vermittlung von perspektivischen Handlungsmöglichkeiten für Betroffene.
Bei der Beschreibung der Präventionsmodelle stand nicht größtmögliche Authentizität, sondern die exemplarische Darstellung im Vordergrund. In den Beispielen wurden amerikanische durch deutsche Namen ersetzt und an einigen Stellen inhaltliche Kommentare, die sich auf die Gegebenheiten im hiesigen Kulturkreis beziehen, eingefügt. Im folgenden referiere ich Inhalte aus den genannten Präventionsprogrammen. Alle Angaben zu AutorInnen, die im Text erwähnt und nicht im Literaturverzeichnis aufgeführt werden, befinden sich in den im entsprechenden Abschnitt vorgestellten Publikationen.

Empowerment

Ein Workshop-Programm für Menschen mit geistigen Behinderungen von Maureen Crossmaker u.a.

Maureen Crossmaker hat mit Mitarbeiterinnen des „National Assault Prevention Center" ein Workshop-Programm zusammengestellt, das Frauen und Männer mit geistigen Behinderungen ermutigen soll, sich gegen verbale, physische und sexuelle Gewalt zu wehren. Anhand verschiedener Rollenspielsequenzen soll gezeigt werden, welche Verhaltensmöglichkeiten Betroffene haben, um eigene Bedürfnisse durchzusetzen oder Mißbrauchssituationen zu beenden.

Die Autorin geht davon aus, daß Gewalt nicht durch spezifische individuelle Verhaltensmuster provoziert wird, sondern in erster Linie gegen Menschen gerichtet ist, die aufgrund ihrer gesellschaftlichen Situation besonders verletzlich *(„vulnerable")* sind.

Drei Hauptfaktoren sind für diese Verletzlichkeit maßgeblich: Die *Isolation,* in der sich diese Menschen befinden, ihre *Uninformiertheit* und ihre *Machtlosigkeit.* Crossmaker sieht hier die strukturelle Ursache der Gewalt, die sich in besonderem Ausmaß gegen Frauen, Kinder und Menschen mit Behinderungen richtet. Effektive Präventionsarbeit muß deshalb darauf hinwirken, die Isolation der Betroffenen aufzuheben, ihre gesellschaftliche Machtlosigkeit zu beenden und ihnen notwendige Informationen zu vermitteln.

Crossmaker nennt *empowerment* den Prozeß der Aneignung von Fähigkeiten und Kenntnissen, des Aufbaus eines sozialen Bezugssystems, der Ausbildung eines starken Selbstwertgefühls und der Erweiterung der Selbstbestimmung. Dabei sind Veränderungen auf der individuellen Verhaltensebene nicht ausreichend, vielmehr schließt *empowerment* auch die Notwendigkeit gesellschaftlicher Veränderungen mit ein.

Effektive Präventionsarbeit

Isolation und Ausgrenzung aufheben

Die Isolation von Menschen mit Behinderungen hat eine weitreichende historische Tradition, wobei die Radikalität der Ausgrenzung in verschiedenen Kulturen und Epochen unterschiedlich ausgeprägt war und ist. Im antiken Sparta z.B. hatten körperliche Stärke und geistige Gesundheit einen so hohen Stellenwert, daß Neugeborene, die den Standards nicht entsprachen, umgebracht wurden. Im Mittelalter betrachteten europäische Kirchen Menschen mit geistigen Behinderungen als „Kinder Gottes", die schutzbedürftig waren. Dieses Etikett förderte eine wohlwollende Haltung gegenüber Behinderten und hatte die Einrichtung von Asylen zur Folge, die ihnen Unterkunft und Verpflegung gewährten. Es unterblieb jedoch auch während dieser Zeit die Förderung und Ausbildung der Menschen mit Behinderungen, so daß letztlich auf diese Weise ihre gesellschaftliche Isolation festgeschrieben wurde. Während der Reformationszeit wurden Behinderte als vom Teufel besessene Unmenschen betrachtet. Luther sprach sich für ihre Tötung aus, und es ist zu großen Teilen seinem Einfluß zuzuschreiben, daß in der Folgezeit Mißhandlung, Kontrolle und Ausgrenzung als Leitlinien im Umgang mit Behinderten dominierten.

Anfang des 19. Jahrhunderts wurden Umweltbedingungen als wichtige Faktoren der Persönlichkeitsentwicklung angesehen. Dies führte dazu, daß Guggenbuhl 1842 in der Schweiz eine Einrichtung für Behinderte gründete, in der ihre Lernfähigkeit und Ausbildungsmöglichkeiten konzeptionell berücksichtigt wurden.

Die integrativen Bestrebungen wurden Anfang des 20. Jahrhunderts wieder rückgängig gemacht, da jetzt primär Vererbung als Ursache von Behinderungen und Intelligenz als meßbare, unveränderliche Konstante diskutiert wurden und dies in der Konsequenz eine intolerante Haltung gegenüber Menschen mit Behinderungen förderte. In den USA wurden in den zwanziger Jahren Sterilisationsgesetze erlassen, um eine „rassische Degenerierung" zu verhindern. Die Massenmorde an Menschen mit Behinderungen während des Nationalsozialismus in Deutschland wurden von den Fachzeitschriften dieser Zeit als „Euthanasiemaßnahmen" unterstützt.[1]

Crossmaker betont die Notwendigkeit, Menschen mit Behinderungen in all gesellschaftlichen und sozialen Bezugssysteme adäquat zu integrieren und Hemmschwellen im Kontakt zwischen Behinderten und Nichtbehinderten abzubauen. Bezogen auf die Arbeit zum Thema sexueller Mißbrauch bedeutet dies, daß Behinderte als potentielle NutzerInnen der verschiedenen Hilfsangebote betrachtet und angesprochen werden sollen. Beratungsstellen, Selbsthilfegruppen, TherapeutInnen, ÄrztInnen, Polizei, Gerichte usw. müssen darauf vorbereitet sein, daß Kinder, Frauen und Männer mit Behinderungen wegen ihrer Gewalterfahrungen ebenso unterstützt werden wollen wie Nichtbehinderte.

Machtlosigkeit beenden und Eigenständigkeit fördern
Mädchen und Jungen, Frauen und Männer mit unterschiedlichen Handicaps sind in ihrer sozialen Interaktion besonders stark auf die Unterstützung anderer angewiesen und haben schon allein aus finanziellen Gründen nur in äußerst seltenen Fällen die Chance zur Eigenständigkeit. Dieses Abhängigkeitsgefüge spiegelt sich in einem Selbstbild, das von Machtlosigkeit bestimmt ist, und bewirkt, daß die eigene Persönlichkeit als minderwertig wahrgenommen wird. Soziale Konfliktsituationen werden durch Opferverhalten, Passivität oder durch Zugeständnisse umgangen, anstatt eigene Interessen selbstbewußt zu behaupten. Die genannten Strukturen haben zur Folge, daß Betroffene besonders große Hemmschwellen zu überwinden haben, wenn sie sich gegen sexuellen Mißbrauch zur Wehr setzen müssen. Um das bestehende Ungleichgewicht aufzulösen und die Grundlage für ein stabiles Selbstwertgefühl zu schaffen, müssen Menschen mit Behinderungen in die Lage versetzt werden, ihr Alltagsleben weitestgehend selbst zu gestalten.
Betreuungspersonen oder Angehörige haben häufig Schwierigkeiten, Frauen und Männern mit Behinderungen eigene Entscheidungsfreiräume zu lassen. Sie sorgen sich um ihr Wohlergehen und nehmen an, aufgrund der eigenen Lebenserfahrung oder Berufsausbildung besser beurteilen zu können, was für die Behinderten richtig ist. Im Gegensatz zu dieser bevormundenden Haltung geht Wolfenberger davon aus, daß jeder Mensch die „Würde des Risikos" *(dignity of risk)* für sich in Anspruch nehmen können muß (Crossmaker 1986, S. 21). Aktives Handeln und direkte Beteiligung an Entscheidungsprozessen sind Voraussetzung für die Persönlichkeitsentwicklung. Auch Menschen mit Behinderungen müssen Entscheidungsfreiräume für sich in Anspruch nehmen können. Die Betroffenen sollen eine autonome Persönlichkeit entwickeln, so daß es für sie selbstverständlich wird, schwierige Situationen selbstbewußt und ohne fremde Hilfe zu bewältigen. Sind sie Eigenständigkeit in unterschiedlichsten Alltagssituationen gewohnt, ist es für sie eher selbstverständlich, bei sexuellem Mißbrauch Grenzen zu setzen, um ihre Gefühle und Bedürfnisse zu schützen.

Informationen zum Thema Sexualität und sexueller Mißbrauch vermitteln
Für alle Menschen haben Fragen der Sexualität eine existentielle Bedeutung. Dies wird jedoch häufig geleugnet, wenn es um die sexuellen Bedürfnisse von Menschen mit Behinderungen geht. Crossmaker kritisiert, daß Frauen und Männern mit Behinderungen Wissen über Sexualität, Verhütungsfragen, Beziehungsprobleme und insbesondere zum Thema sexueller Mißbrauch vorenthalten wird. Durch die Tabuisierung dieses ganzen Bereiches wird es ihnen unmöglich gemacht zu lernen, angemessene Entscheidungen zu treffen und sich adäquat zu verhalten. Wird sexueller Mißbrauch nicht thematisiert, haben Betroffene kaum die Möglichkeit, auszudrücken, was ihnen passiert und können sich deshalb nicht die notwendige Unterstützung sichern. Sind ihnen keine AnsprechpartnerInnen bekannt, haben sie keine Vorstellung davon, wem sie sich anvertrauen könnten oder wer mit ihnen gegebenenfalls eine Beratungsstelle aufsucht.

Exkurs

Sexueller Mißbrauch in Institutionen
Es ist besonders schwierig, sexuellen Mißbrauch innerhalb eines institutionellen Rahmens aufzudecken und Unterstützung für die Betroffenen zu sichern. Wegen der Abhängigkeit vom Betreuungspersonal in ganz existentiellen Lebensbereichen (z.B. in bezug auf die Hilfestellungen beim An- und Auskleiden, beim Essen, Telefonieren, bei Spaziergängen, bei den Toilettengängen) sind sexuelle Übergriffe ohne direkte körperliche Gewaltanwendung leicht möglich. Menschen mit Behinderungen sind davon bedroht, bei Konflikten mit ihren Bezugspersonen auf Zuwendung, Privilegien oder materielle Notwendigkeiten verzichten zu müssen. Deshalb unterbleibt Widerstand gegen verbale Verletzungen, physische Mißhandlung oder sexuellen Mißbrauch. Selbst wenn unbeteiligte KollegInnen von dieser Gewalt erfahren, wird der Mißbraucher in vielen Fällen nicht zur Verantwortung gezogen. MitarbeiterInnen, die gewaltsame Übergriffe durch einen Betreuer bekannt machen, werden unter Umständen dafür angegriffen, gemieden oder unter Druck gesetzt. Die Arbeitsbedingungen können sich für sie vor allem dann verschlechtern, wenn der Täter ein sehr beliebter Mitarbeiter oder engagierter Leiter ist und im

Team bisher keine Auseinandersetzung darüber stattgefunden hat, was sexueller Mißbrauch für die Betroffenen bedeutet.
Auch strukturelle Bedingungen können eine offene Atmosphäre verhindern: Die Leitung einer Einrichtung hat prägenden Einfluß darauf, inwieweit bestimmte Diskussionsprozesse gefördert oder unterbunden werden. Ein autoritärer und streng hierarchisch gegliederter Organisationsaufbau bewirkt, daß die MitarbeiterInnen des Betreuungsdienstes Fragen und Probleme, die auftauchen, verschweigen. Hat das Betreuungspersonal bei knapp bemessenem Stellenschlüssel eine zu hohe Arbeitslast zu bewältigen, kann es über die pflegerischen Leistungen hinaus den notwendigen therapeutischen und psychosozialen Anforderungen nur in unzureichendem Maße nachkommen. Von der Möglichkeit der Freistellung für Fortbildungen ist es abhängig, wie intensiv eine Auseinandersetzung mit aktuellen Themen stattfinden kann.
Crossmaker betont, daß institutionelle Strukturen so gestaltet sein müssen, daß eine offene Auseinandersetzung aller MitarbeiterInnen mit dem Thema verbale, physische und sexuelle Gewalt möglich ist. Bei Neueinstellungen sollte die Sensibilität der BewerberInnen für diese Fragen berücksichtigt werden.

Die Bedeutung geschlechtsspezifischer Rollenstereotypien
Bei der Betrachtung der gesellschaftlichen Bedingungen verbaler, physischer und sexueller Gewalt analysiert Crossmaker auch Aspekte der geschlechtsspezifischen Sozialisation: Kinder werden von Geburt an in festgelegte Rollen gedrängt. Mädchen gelten als zerbrechlich, so daß Vorsicht und Behutsamkeit im Umgang mit ihnen maßgebend sind. Sie erhalten Lob für hübsches Aussehen und lernen schon früh, ihre eigenen Bedürfnisse als zweitrangig zu betrachten. Weil Jungen dagegen als stark gelten, werden ihnen bei ihren Aktivitäten größere Freiräume zugestanden, und körperliches Austoben wird unterstützt. Sie werden ermutigt, im spielerischen Ringen Kraft und Stärke zu beweisen oder sich mit Fäusten gegen Übergriffe anderer zu wehren. Erleben sie zu Hause, daß der Vater die Mutter schlägt, prägt sich Gewalt als mögliches und unter Umständen akzeptiertes Konfliktverhalten im familiären Rahmen ein.
Die Medien tragen entscheidend zu den vorhandenen Rollenstereotypien bei. In Fernsehen, Kino und Werbung werden schöne, junge Frauen dargestellt, die sich schwach, passiv und unterordnend verhalten, während die Männer

dominant und aggressiv erscheinen. Diese Darstellungen in den Medien vermitteln behinderten (wie auch älteren oder farbigen) Frauen und Männern indirekt, daß sie den Maßstäben der gesellschaftlichen Standards nicht genügen und Außenseiter sind, die an den alltäglichen gesellschaftlichen und sozialen Prozessen nicht teilhaben.

Menschen mit Behinderungen haben besonders stark den Wunsch, gesellschaftlichen Erwartungen zu entsprechen. Permanente Anfeindungen und das Gefühl, anders zu sein, können einen immensen Konformitätsdruck bewirken, der in bedingungslosen Anpassungsversuchen mündet. Evans illustriert dies anhand der Beschreibung behinderter junger Männer, die besonderen Wert auf ihre Armbanduhren legen, obwohl sie die Zeitangaben nicht verstehen, oder Schreibutensilien bei sich tragen, obwohl sie nicht schreiben können (Crossmaker 1986, S. 46).

Durch die Verbreitung pornographischer Darstellungen, in denen sexuelle Gewalt gegen Mädchen und Frauen legitim erscheint, werden sexistische Verhaltensweisen gefördert. Die Gefühle, das physische und psychische Leid der von sexueller Gewalt Betroffenen werden negiert, oft beschönigt, oder es wird sogar auf die Folgenlosigkeit für die Täter hingewiesen. Crossmaker zitiert *Slam,* ein amerikanisches Jugendmagazin, worin Jungen ermutigt werden, Mädchen mit geistigen Behinderungen zu vergewaltigen: „... wenn du [wegen sexuellen Mißbrauchs oder Vergewaltigung eines behinderten Mädchens] angeklagt wirst, wird ihr niemand glauben, denn Retardierte erzählen andauernd irgendwelche widersinnigen Geschichten, so daß es auf eine Sache mehr oder weniger gar nicht ankommt." (Crossmaker 1986, S. 51)[2]

Solche Botschaften vermitteln dem männlichen Konsumenten, daß er in Mädchen mit Behinderungen „sichere" Objekte für seine Übergriffe findet, d.h., nicht befürchten muß, wegen seiner Tat belangt zu werden. Es wird suggeriert, daß eine Vergewaltigung akzeptabel und völlig in Ordnung ist.

Die gesellschaftliche Erwartung, geschlechtsspezifischen Normen gerecht werden zu müssen, versuchen auch Menschen mit Behinderungen zu erfüllen, indem sie „typisch" männliche oder weibliche Verhaltensmuster annehmen. Während die Frauen zurückhaltender und eher introvertiert sind, zeigen die Männer dominante Verhaltensmuster und empfinden es als legitim, die Erfüllung eigener Bedürfnisse aggressiv durchzusetzen. Vor diesem Hintergrund richtet Crossmaker ihr Workshop-Programm für Frauen und Männer unterschiedlich aus: In den Rollenspielsequenzen für Frauen soll in erster Linie passives, uneindeutiges Verhalten hinterfragt und selbstbehauptende Kommunikation geübt werden, während den Männern unter anderem vermittelt werden soll, Aggressivität und Rücksichtslosigkeit im Umgang mit anderen abzubauen. Daraus ergeben sich jeweils unterschiedliche Themenbereiche und Diskussionsschwerpunkte, die in getrennten Gruppen bearbeitet werden. Da Crossmaker auch berücksichtigt, daß trotz dieser geschlechtsspezifischen Aspekte alle Menschen mit Behinderungen in dieser Gesellschaft von verbaler, physischer und sexueller Gewalt besonders betroffen sind, wird in einem gemeinsamen Workshop behandelt, wie sich Männer und Frauen in bedrohlichen Situationen die Unterstützung anderer Personen sichern können.

Das Workshop-Programm

Die Phase der Kontaktaufnahme

Um ein effektives Arbeiten zu gewährleisten, sollte die Gruppengröße auf vier bis acht Personen beschränkt sein. Es gibt verschiedene Möglichkeiten, Kontakt zu den Frauen und Männern aufzunehmen, die als TeilnehmerInnen für das Workshop-Programm in Frage kommen. Falls Einzelpersonen angesprochen werden sollen, die in Familien oder Wohngemeinschaften leben, ist es notwendig, entsprechende Räumlichkeiten zu organisieren und das Programm durch Öffentlichkeitsarbeit bekannt zu machen. Wird die Gruppe eines Wohnheims, Rehabilitationszentrums oder einer anderen Institution angesprochen, ist eine Zusammenarbeit mit den betreffenden MitarbeiterInnen dieser Einrichtung unerläßlich. Vorgespräche können dazu genutzt werden, ihnen die Zielsetzung des Workshops vorzustellen, und bieten die Gelegenheit, sich selbst mit der Einrichtung vertraut zu machen. Auch ist es wichtig, sich schon während der Vorbereitungsphase über die Art der Behinderungen der TeilnehmerInnen zu informieren und sich ein Bild von ihren sprachlichen Fähigkeiten zu machen, um während der Rollenspiele auf kommunikative Bedürfnisse angemessen eingehen zu können. Sind z.B. Menschen mit Hörbehinderungen in der Gruppe, ist es erforderlich, eine Person hinzuzuziehen, die in der Gebärdensprache dolmetschen kann. Darüber hinaus ist es sinnvoll, nachzufragen, ob in der TeilnehmerInnengruppe bisher Fälle von verbaler, physischer oder sexueller Gewalt bekannt geworden sind.

Kooperative AnsprechpartnerInnen in der Institution können vorbereitende Aufgaben wie die Organisierung der Räume übernehmen und bei der terminlichen Planung mitwirken. Auch sollten sie das übrige Personal und Angehörige über das geplante Programm informieren und damit eine Unterstützung des Präventions-Workshops im näheren sozialen Umfeld sicherstellen.
Crossmaker legt Wert darauf, daß die anleitenden Personen nicht selbst in den institutionellen Rahmen eingebunden sind. Hierdurch wird verhindert, daß Betroffene, die von sexuellem Mißbrauch durch einen Betreuer berichten, unter Druck gesetzt werden oder andere negative Konsequenzen befürchten müssen.
Die Workshops werden jeweils von zwei Frauen angeleitet, wobei in der Gruppe für männliche Teilnehmer oder in der gemischt-geschlechtlichen Gruppe auch Männer hinzugezogen werden können. Die Themen der Rollenspiele können so verändert werden, daß aktuelle Anlässe oder persönliche Erlebnisse der TeilnehmerInnen in die Sequenzen aufgenommen werden.

Der Einstieg in das Thema

Menschen mit geistigen Behinderungen lernen überwiegend durch anschauliche und unmittelbar nachvollziehbare Darbietungen, so daß den LeiterInnen des Workshops empfohlen wird, die Rollenspielsituationen selbst vorzuführen. Dabei können sie auch unangenehme Berührungen andeuten und hiermit konkret zeigen, wie bedrohliche Situationen aussehen können. Durch das Vorführen selbstbewußter Verhaltensweisen bieten sie konkrete Orientierungsmöglichkeiten an, die leicht nachzuspielen und zu übernehmen sind. In der Arbeit mit geistig Behinderten sollten Übungen von Verhaltensstrategien zur Selbstbehauptung mehrmals wiederholt werden.
Als Einstieg in das Thema werden einige Grundinformationen gegeben und die Ziele des Workshops erklärt. Hierbei muß deutlich werden, daß alle Menschen durch verschiedenartige Übergriffe in ihren Gefühlen verletzt werden können:

a) durch verbale Übergriffe
- wenn wir z.B. als „Spasti", „Idiot" oder „blöde Kuh" bezeichnet werden,
- wenn Witze über unser Aussehen gemacht werden,

- wenn eine Person ausdrücklich als „behindert" definiert wird, denn durch die Überbetonung des Defekts wird der individuelle Mensch mit seinen vielfältigen Eigenschaften, Interessen, Schwächen und Stärken negiert;

b) durch physische Mißhandlung
- wenn wir z.B. geschlagen, getreten, geboxt, geschubst oder grob angefaßt werden;

c) durch sexuellen Mißbrauch
- wenn jemand z.B. unsere Brüste oder unsere Genitalien berührt, obwohl wir dies nicht möchten,
- wenn uns ein Mann zwingt, sein Glied anzufassen, es in den Mund zu nehmen oder wenn er es gewaltsam in die Scheide oder in den After einführen will.

Durch die Frage, ob jemand in der Gruppe ähnliche Erlebnisse schon einmal gehabt hat, wird deutlich gemacht, daß während des Workshops die Gelegenheit besteht, über persönliche Erfahrungen zu sprechen. Für diejenigen, die Einzelgespräche für eine Aussprache mit einer Workshop-Leiterin brauchen, kann ein entsprechendes Angebot außerhalb der Gruppentermine gemacht werden: Es soll erwähnt werden, daß es vielen Menschen schwerfällt, über persönliche Verletzungen zu sprechen, besonders wenn diese von Betreuern, Vätern, Brüdern oder anderen nahestehenden Personen ausgegangen sind, daß es jedoch erleichternd sein kann, sich anderen mitzuteilen, und daß in diesem Workshop geübt werden wird, wie wir uns in solchen Situationen am besten verhalten können.

Als Einstieg in die Rollenspielsequenzen für Männer wird betont, daß auch sie selbst darauf achten müssen, andere Menschen in ihren Gefühlen nicht zu verletzen.

Zur Strukturierung der Rollenspielsequenzen
Die Bearbeitung der Rollenspielsequenzen kann folgendermaßen strukturiert werden:

- Darstellung des Themas, Situationsbeschreibung
- Vorführen der Situation im Rollenspiel, wobei passive sowie aggressive Handlungen und Reaktionsformen gezeigt werden. Passives Verhalten bedeutet Handlungsunfähigkeit. Eigene Bedürfnisse werden nicht geäußert, auf Drohungen wird sogar mit Zugeständnissen reagiert. Die Folge ist der Verlust des Selbstwertgefühls. Aggressives Verhalten kann die Integrität der anderen Person verletzen oder eine Eskalation der Konfliktsituation bewirken. Es wird mit der Gruppe über die Gefühle der beteiligten Personen gesprochen.
- Die TeilnehmerInnen werden gefragt, ob sie ähnliche Situationen selbst schon erlebt haben.
- Selbstbehauptungsstrategien werden diskutiert und im Rollenspiel vorgeführt. Selbstbehauptende Kommunikation bedeutet nach Crossmaker „direkte, ehrliche und angemessene Kommunikation" und beinhaltet, daß Bedürfnisse klar geäußert werden und die Betroffenen in der Lage sind, ihre Anliegen selbstbewußt zu vertreten. Auf diese Weise stehen die Betroffenen aktiv für ihre Belange ein – auch wenn im Einzelfall die eigenen Interessen vielleicht nicht durchgesetzt werden können –, und sie fühlen sich nicht hilflos und passiv dem Gegenüber ausgeliefert.
- Die TeilnehmerInnen übernehmen Rollen, um selbstbehauptende Reaktionsmöglichkeiten zu üben. Die Rollen der aggressiven Personen sollten nicht eingenommen werden, weil sie unter Umständen die gespielten Verhaltensmuster übernehmen und in der Realität anwenden könnten.

Rollenspiele zur Selbstbehauptung für Frauen

Im folgenden werden exemplarisch einige der Rollenspielsituationen dargestellt, die Crossmaker im Rahmen des Workshop-Programms vorschlägt:

1. Verhaltensmöglichkeiten bei verbalen Übergriffen
Die Leiterinnen zeigen im Rollenspiel, wie einer Frau von einem Kollegen zugerufen wird: „He, komm mal her, du Süße!" Er winkt ihr zu und signalisiert Küsse. „Na los, mach schon!" Die Frau ist verwirrt, senkt den Kopf und wendet sich schüchtern ab, während sie leise sagt, daß sie so nicht angesprochen werden möchte. Mit den Teilnehmerinnen wird darüber geredet, wie die

Frau sich vermutlich fühlt (traurig, ängstlich ...) und welche Reaktionsmöglichkeiten sie noch gehabt hätte (z.B. deutlich nein zu sagen oder zu äußern: „Hör auf, so mit mir zu sprechen!").
Sollten einige Teilnehmerinnen Schläge, Drohungen oder andere aggressive Verhaltensweisen als Reaktionsmöglichkeit vorschlagen, ist darauf hinzuweisen, daß Aggressionen eskalieren können und es zu gewaltsamen Auseinandersetzungen mit der Möglichkeit von körperlichen Verletzungen kommen kann. Äußern die Teilnehmerinnen, daß die Frau einen anderen Weg gehen könnte, um dem Mann nicht zu begegnen, ist deutlich zu machen, daß bei passivem Vermeiden die Übergriffe nicht aufhören werden und daß die Frau ein Recht darauf hat, sich frei bewegen zu können.
Anschließend wird im Rollenspiel die Situation wiederholt, wobei jetzt selbstbewußtes Verhalten der Frau gezeigt wird. Gemeinsam mit den Teilnehmerinnen der Gruppe kann geübt werden, mit kräftiger Stimme zu sprechen und eine aufrechte Körperhaltung einzunehmen, wobei Blickkontakt gehalten wird und die Hände Abstand signalisieren. Bei diesem Verhalten ist damit zu rechnen, daß der Mann ärgerlich oder abfällig reagiert („Ach, du bist ja sowieso häßlich!"). Für das Selbstwertgefühl der Frau ist es jedoch entscheidend, daß sie sich durchgesetzt hat und für ihre Bedürfnisse eingetreten ist.
Die Teilnehmerinnen sollen darüber hinaus die Gelegenheit haben zu erzählen, welche Erlebnisse mit verbalen Übergriffen sie kennen.

2. Unangenehme sexuelle Annäherungen durch einen Freund
In dieser Rollenspielsequenz wird dargestellt, wie ein Mann seine Freundin nach Hause bringt und sie dabei unangenehm berührt. Er legt ihr den Arm fest um die Schulter und sagt, daß er noch mit in ihr Zimmer kommen möchte. Die Freundin reagiert ängstlich, abwartend passiv und versucht ihm zaghaft zu vermitteln, daß sie jetzt allein sein möchte. Ihr Freund behauptet, er wisse ganz genau, daß sie jetzt mit ihm schlafen wolle, wo sie ihn doch schon geküßt habe. Mit den Teilnehmerinnen kann wieder diskutiert werden, wie die Frau sich fühlt und daß ihre Bedürfnisse in dieser Situation respektiert werden müssen. Es soll deutlich werden, daß Sexualität als sehr angenehm erlebt werden kann, wenn beide Beteiligten den Wunsch haben, sich auf diese Ebene einzulassen. Es hat jedoch niemand das Recht, einer Person gegen ihren Willen sexuelle Berührungen aufzuzwingen. Auch eine Person, mit der

wir eng befreundet sind und mit der wir schon seit einiger Zeit eine sexuelle Beziehung haben, muß unsere Gefühle respektieren.
Es kann in der Gruppe darüber gesprochen werden, welche Verhaltensmöglichkeiten eine Frau in dieser Situation hat (deutlich nein sagen, dabei eine selbstbewußte Körperhaltung einnehmen und Abstand halten. Es ist auch wichtig, sich nicht auf rechtfertigendes Argumentieren einzulassen.). Wieder kann im Anschluß an die Diskussion das Rollenspiel wiederholt werden, wobei jetzt positive Handlungsmöglichkeiten gezeigt werden sollen. Die Frau setzt ihre Bedürfnisse durch, indem sie deutlich sagt, was sie möchte („Nein, ich wollte dich küssen, aber nicht mit dir schlafen.") und anschließend ins Haus geht.

3. Sexueller Mißbrauch durch einen Betreuer
Folgende Situation wird vorgeführt: Maria lebt in einem Wohnheim. Am Abend kommt der Betreuer Rolf zu ihr ins Zimmer, ohne vorher anzuklopfen. Er erklärt, daß er ihr wie jeden Abend gute Nacht wünschen möchte und setzt sich auf ihr Bett. Maria blickt zu Boden und wirkt verschlossen. Rolf fordert sie auf, sich zu ihm zu setzen, denn sie hätte doch „Vertrauen zu ihm". Maria setzt sich zögernd auf das Bett, wobei sie sehr angespannt wirkt. Rolf versucht sie zu küssen, doch Maria äußert verschüchtert, daß sie das nicht möchte. Rolf scheint dies zu überhören, denn er zieht Maria an sich und küßt sie trotzdem. Anschließend sagt er ihr, daß sie niemandem hiervon erzählen dürfe.
Die Teilnehmerinnen der Gruppe können nach dieser Rollenspielsituation ihre Eindrücke äußern und versuchen, sich in Marias Situation hineinzuversetzen. („Maria fühlt sich machtlos, durcheinander, wütend ...") Es kann die Frage behandelt werden, ob ein Betreuer einfach in das Zimmer kommen und die Bewohnerin so behandeln darf. („Nein, er muß ihre Bedürfnisse respektieren." „Niemand hat das Recht, unseren Körper gegen unseren Willen zu berühren." ...) Eine weitere Frage ist, ob Rolf fordern darf, daß Maria mit niemandem über diese Annäherungen spricht. („Nein, es ist wichtig, Geheimnisse, die belastend für uns sind, weiterzuerzählen und uns anderen anzuvertrauen.") Mit der Gruppe kann besprochen werden, wem Maria sich anvertrauen könnte (anderen BetreuerInnen, SozialarbeiterInnen, BewohnerInnen, FreundInnen aus der Gruppe oder weiteren Vertrauenspersonen). Sie

muß damit rechnen, daß ihr nicht geglaubt wird. In diesem Fall muß sie weitere Bezugspersonen ansprechen.
Thematisiert werden kann auch, was Maria außerdem noch tun könnte (andere Bewohnerinnen fragen, ob ihnen ähnliches passiert ist; eine Zeitlang mit einer anderen Frau im selben Zimmer übernachten, um nicht allein schlafen zu müssen).
Die Teilnehmerinnen der Gruppe sollen gefragt werden, ob sie selbst ähnliche Erlebnisse hatten oder was sie tun würden, wenn sie in diese Situation geraten würden.
Im Anschluß an das Gespräch wird das Rollenspiel wiederholt, wobei Maria jetzt selbstbewußt reagiert, wenn der Betreuer zu ihr ins Zimmer kommt. Sie sagt laut und deutlich, daß sie die Annäherungen nicht möchte und daß sie mit anderen darüber reden wird. Rolf verläßt daraufhin das Zimmer, während er murmelt, daß ihr doch sowieso niemand glauben wird.

Rollenspiele zur Selbstbehauptung für Männer

1. Konflikt wegen des Fernsehprogramms
Paul sitzt im Gemeinschaftsraum eines Wohnheimes vor dem Fernseher und sieht sich einen Krimi an. Markus kommt motzend herein: „Was ist denn das für ein langweiliger Krimi, ich will jetzt Fußball gucken!" Ärgerlich schaltet er ein anderes Programm ein. Paul verteidigt sich laut: „Du kannst doch nicht einfach umschalten. Ich war zuerst hier!" Jetzt wird Markus aggressiv: „Und ob ich das kann!" Er packt Paul, zerrt ihn vom Stuhl und setzt sich selbst direkt vor den Apparat.
In der anschließenden Diskussion wird die Situation eingeschätzt. („Es ist nicht in Ordnung, daß Markus so aggressiv reagiert." „Paul fühlt sich traurig und frustriert." „Markus wird es mit diesem Verhalten wahrscheinlich schwer haben, echte Freunde zu finden.") Gemeinsam sollen weitere Reaktionsmöglichkeiten überlegt werden, die Markus in dieser Situation noch hätte (das Fußballspiel woanders gucken, eventuell die Übertragung im Radio anhören oder sich eine andere Beschäftigung suchen ...). Als Abschluß wird dieselbe Situation noch einmal im Rollenspiel dargestellt, wobei jetzt jedoch eine einvernehmliche Lösung erreicht wird. Wenn Markus in das Gemeinschaftszim-

mer kommt und Paul vor dem Fernseher sieht, äußert er enttäuscht, daß er lieber das Fußballspiel sehen würde. Er bittet Paul, ihn nach Ende des Krimis zu rufen, damit er die zweite Halbzeit nicht verpaßt.

2. Ein Kuß wird nicht erwidert

Fred bringt seine Freundin Karola nach Hause und möchte ihr zum Abschied einen Kuß geben. Er reagiert aufgebracht, als sie deutlich sagt, daß sie ihn nicht küssen möchte und mit ihrem Körper Abstand ausdrückt. Während er versucht, sie fest an sich zu drücken, schreit er wütend, daß „sie sich nicht so anstellen" solle. Und ihm übrigen sei sie wohl „vollkommen verklemmt".
In der anschließenden Diskussion soll deutlich gemacht werden, daß Karola durch diese Äußerungen sehr verletzt wurde. Fred muß akzeptieren, daß sie das Recht hat, nein zu sagen, wenn sie bestimmte Berührungen nicht möchte. Für Männer ist es oft schwierig, aggressives Auftreten in Frage zu stellen, da dies zunächst als gewinnbringende Strategie erscheint, mit der eigene Bedürfnisse erfolgreich durchgesetzt werden können. Von daher wird hier oft der Vorschlag gemacht, Karola solle ihr Verhalten ändern. Vor diesem Hintergrund ist es wichtig, darauf zu achten, daß das Gespräch auf das Verhalten Freds konzentriert bleibt und den Teilnehmern die Folgen rücksichtslosen Vorgehens bewußt werden (andere Personen werden verletzt und wenden sich ab). Es sollen Handlungsalternativen genannt werden (ein klärendes Gespräch mit der betreffenden Person, eventuell anschließend mit FreundInnen über die erlebte Frustration sprechen, sich anderen Aktivitäten zuwenden, um Abstand zu gewinnen ...), die aggressive Ausbrüche ersetzen. Die TeilnehmerInnen sollen erkennen, daß die Bedürfnisse von Frauen sehr oft von Männern mißachtet werden. Die abschließende Rollenspielsequenz endet damit, daß Fred seine Freundin nicht küßt, sich beide jedoch gegenseitig sagen, daß sie sich mögen und sich für den nächsten Tag verabreden.

Gemeinsame Rollenspielsequenzen für Frauen und Männer

1. Belästigungen an der Bushaltestelle

Christa ist auf dem Weg zur Schule und wartet auf den Bus. In der Tasche hat sie ihr Pausenbrot und leckere Müsliriegel. Frank, ein älterer Jugendlicher, spricht sie an und fordert sie auf, ihm die Süßigkeiten zu geben, da er großen Appetit darauf habe. Als Christa dies laut und deutlich ablehnt, greift Frank in ihre Tasche, nimmt die Riegel und beginnt, diese vor ihren Augen genüßlich zu verspeisen, wobei er hämische Grimassen schneidet. Christa hat Angst, daß er das gleiche am nächsten Tag wiederholen wird.

Im einschätzenden Gespräch über diese Rollenspielsequenz soll deutlich werden, daß Frank mit einem solchen Verhalten Schwierigkeiten haben wird, Freundschaften zu schließen. Andere Schülerinnen und Schüler haben Angst vor seiner Aggressivität und ziehen sich zurück. Weiterhin sollte thematisiert werden, daß in bestimmten Situationen ein klares Nein und eine selbstbewußte Haltung nicht ausreichend sind, um anderen Menschen Grenzen zu setzen. Hier kann es hilfreich sein, FreundInnen zu suchen, die Unterstützung bieten. Zwei oder mehr Personen sind stärker als ein Mensch allein und schaffen es vielleicht gemeinsam, sich durchzusetzen. Es wird besprochen, wie in konkreten Notsituationen Hilfe gefunden werden kann. (Vielleicht warten noch andere an der Bushaltestelle. Denen könnte Christa die Lage erklären und sie um Hilfe bitten, falls Frank am nächsten Tag wiederkommen sollte. Auf diese Weise gibt sie ihrem Nein noch mehr Gewicht. Um das Vorgefallene zu verarbeiten und sich besser zu fühlen, kann sie es jemandem erzählen.) Die Rollenspielsituation wird wiederholt und endet jetzt damit, daß Christa sich mit Unterstützung einer anderen Schülerin durchsetzen kann. („Heute kriegst du nichts von mir. Hier ist meine Freundin, und wir halten zusammen. Laß uns in Ruhe!")

2. Verhaltensmöglichkeiten bei drohender körperlicher Gewalt

In Situationen, in denen körperliche Gewalt zu befürchten ist, kann das Aufbegehren gegen Forderungen einer aggressiven Autoritätsperson Anlaß zu massiven Wutausbrüchen werden. Wenn ein/e Jugendliche/r von einem Erwachsenen schon häufiger geschlagen worden ist, kann es sinnvoll sein, sich während der Konfliktsituation beschwichtigend zu verhalten und erst anschließend Hilfe und Unterstützung durch andere Bezugspersonen zu holen. In einem Rollenspiel kann gezeigt werden, wie eine Autoritätsperson (Vater, Betreuer etc.) eine Jugendliche beim Frühstückmachen zurechtweist. Der Mann schreit, sie solle „die Unordnung sofort beseitigen, sonst knallt's!" Er beschimpft sie als „Dummkopf, der zu nichts zu gebrauchen ist". Da die

Jugendliche nicht schnell genug reagiert, schubst er sie gegen die Spüle, „damit sie mit dem Abwaschen endlich in die Gänge kommt".
In einer Situation wie dieser kann es richtig sein, die Küche aufzuräumen, um zu verhindern, daß die Gewalt eskaliert und die Betroffene zusätzlich zu den psychischen Traumata akute physische Verletzungen davonträgt. Es sollte besprochen werden, welche Personen zum Schutz der Jugendlichen anschliessend informiert werden können (unterstützende MitarbeiterInnen und LeiterInnen der Einrichtung, SozialarbeiterInnen des Jugendamtes etc.), damit entsprechende Maßnahmen eingeleitet werden (Kündigung des Betreuers, Sorgerechtsentzug und gegebenenfalls Suche nach einer neuen Wohnmöglichkeit für die Betroffene).

Falls TeilnehmerInnen sich während eines Workshops vorzeitig aus der Gruppe entfernen möchten, sollten die anleitenden Frauen und Männer zunächst vor deren Verlassen des Raumes nach den Gründen hierfür fragen. Es kann sein, daß sich jemand langweilt, eine Verabredung getroffen hat oder daß es andere Erklärungen dafür gibt, die nicht direkt im Zusammenhang mit dem Workshop stehen. Oft ist es jedoch so, daß Erinnerungen an eine Mißbrauchssituation hervorgerufen werden und die betroffene Person emotional aufgewühlt ist. Um diese Situation auffangen zu können, sollten kooperative MitarbeiterInnen der Einrichtung für sofortige Gespräche in ruhiger Atmosphäre zur Verfügung stehen. Zeigt ein/e TeilnehmerIn durch sein/ihr Verhalten bestimmte Auffälligkeiten, die auf eigene Gewalterlebnisse hindeuten können, kann dies nach Ende des Workshops mit dem Angebot eines Einzelgespräches angesprochen werden. Wichtig ist es auch, daß alle TeilnehmerInnen Vertrauenspersonen benennen können, an die sie sich nach Beendigung des Workshop-Programms wenden können, wenn sie Unterstützung bei der Beendigung von verbalen, physischen oder sexuellen Übergriffen benötigen.

Anatomische Puppen als methodisches Mittel in der Arbeit mit geistig behinderten Menschen

Ein Präventionsprogramm von Suzanne M. Sgroi, Judith A. Carey und Amy B. Wheaton

Sgroi, Carey und Wheaton betrachten es als Ziel, Menschen mit Behinderungen zur gleichberechtigten Teilnahme am gesellschaftlichen Leben zu befähigen. Ihrer Meinung nach darf dabei auch die Thematisierung von Sexualität, Liebe und PartnerInnenschaften nicht ausgeklammert werden, obwohl in diesen Bereichen noch große methodische Unsicherheiten und auf seiten der Betreuenden psychische Hemmschwellen bestehen. Räumlich-strukturelle Bedingungen innerhalb der Institutionen – wie Geschlechtertrennung oder Mehrbettzimmer – machen die Tabuisierung von Bedürfnissen nach Zärtlichkeit und menschlicher Wärme leicht. Die Autorinnen bezeichnen es als paradox, daß gerade diejenigen, die in bezug auf diese Themen am dringlichsten Informationen und Aufklärung benötigen, von der Informationsvermittlung ausgeschlossen sind. Umfassende Sexualaufklärung soll verdeutlichen, wie einvernehmliche Beziehungen gestaltet oder unerwünschte Annäherungen ab- gewehrt werden können.
Vor diesem Hintergrund wurde ein „Sexual Abuse Avoidance Training" (Training zur Verhinderung sexueller Gewalt) entwickelt, das auch für Personen mit gravierenden geistigen Behinderungen nachvollziehbar sein kann. Im methodischen Vorgehen wird der Schwerpunkt auf die Arbeit mit anatomischen Puppen gelegt, wobei im Hinblick auf organisatorische Details wie Gruppengröße und -zusammensetzung oder Dauer und Häufigkeit der Trainingsstunden die intellektuelle Aufnahmefähigkeit der TeilnehmerInnen berücksichtigt werden muß. In der Regel werden zur Durchführung des Trainings mehrmalige Treffen vorgeschlagen, die im wöchentlichen Abstand erfolgen. Die Übungen der vorangegangenen Male werden zur Erinnerung jeweils kurz wiederholt. Liegen gravierende geistige Behinderungen vor, sollten die Sitzungen kurz sein (nicht länger als 30 Minuten), häufiger (etwa im zwei- bis fünftägigen Rhythmus) und mit nicht mehr als zwei bis vier TeilnehmerInnen stattfinden. Sind die geistigen Behinderungen der TeilnehmerInnen geringfügig, können bis zu acht Personen einbezogen werden.

Als methodisches Medium werden anatomische Puppen empfohlen, weil sie durch die Möglichkeit des Anfühlens und Betastens konkret nachvollziehbare Erfahrungen bieten. Zur Visualisierung alltäglicher Lebenswelten wird die Benutzung von Gegenstandsmodellen angeregt. Kleine nachgebaute Möbel wie Bett, Sofa oder Zubehör der Badezimmerausstattung bieten die Möglichkeit, in der Arbeit mit den Puppen den jeweiligen situativen Kontext (Wohnumgebung und unterschiedliche Räumlichkeiten) darzustellen. Bei der Durchführung der Trainings wird Wert darauf gelegt, die Bedürfnisse, Fähigkeiten und Aufmerksamkeitsspannen der TeilnehmerInnen zu berücksichtigen und diesbezüglich flexibel zu reagieren.

Vorschläge für den Einsatz der anatomischen Puppen – Eine exemplarische Auswahl[3]

Zur Einführung werden die TeilnehmerInnen mit dem anstehenden Thema vertraut gemacht. („Wir möchten mit euch besprechen, was ihr machen könnt, wenn euch jemand unangenehm berührt. Mit unseren Puppen können wir euch am besten zeigen, was ihr in solchen Situationen unternehmen könnt, um euch zu schützen.") Dann werden die Puppen vorgestellt. („Dies hier ist eine Frau. Seht euch den Körper an: Sie hat Brüste und eine Scheide. Und hier ist der Mann. Er hat einen Penis.") Um die TeilnehmerInnen ins Gespräch miteinzubeziehen und um sie mit den Worten für die Geschlechtsteile vertraut zu machen, sollten sie das Gesagte wiederholen. Im Umgang mit den Puppen können verschiedene Situationsbeispiele vorgeführt werden:
Eine Frau und ein Mann sitzen nebeneinander auf dem Sofa. Während sie sich unterhalten, greift der Mann der Frau in die Bluse, um ihre Brüste zu berühren. Die Puppen werden auf ein kleines Sofa gesetzt, wobei die Arme der männlichen Puppe an die Brüste der weiblichen geführt werden. Die TeilnehmerInnen werden gefragt, ob sie in Ordnung finden, was der Mann macht. Es soll deutlich werden, daß der Mann die Gefühle der Frau berücksichtigen muß. („Nein, es ist nicht in Ordnung. Er soll ihre Brüste nicht berühren, wenn sie das nicht möchte.") Anschließend wird gefragt, was eine Frau in dieser Situation tun könnte. Falls aus der Gruppe der TeilnehmerInnen keine Vorschläge kommen, wird die Antwort vorgegeben. („Sie kann nein sagen. Sie kann aufstehen und weggehen.") Die Reaktionsmöglichkeiten

werden mit der weiblichen Puppe vorgeführt und die Übung solange wiederholt, bis die TeilnehmerInnen den Handlungsablauf nachvollzogen haben. Anschließend kann die Situation fortgeführt werden, um zu zeigen, daß sich Betroffene bei Vertrauenspersonen aussprechen können. („Die Frau kann noch etwas anderes machen. Sie kann anderen erzählen, was sie erlebt hat. Mit wem könnte sie reden?") Die TeilnehmerInnen sollen darüber hinaus konkret überlegen, welche Person des näheren sozialen Umfeldes sie selbst ins Vertrauen ziehen könnten, falls sie von sexuellem Mißbrauch betroffen sind (z.B. spezielle Betreuungspersonen, bestimmte Angehörige, FreundInnen). Es ist sinnvoll, jede Teilnehmerin einzeln anzusprechen. („Was würdest du machen, wenn du auf einem Sofa sitzt und dich jemand gegen deinen Willen an den Brüsten berührt? Mit wem würdest du anschließend sprechen?") Die Übung ist beendet, wenn alle mindestens eine Vertrauensperson genannt haben. In der folgenden Szene wird thematisiert, wie eine schlafende Frau durch einen Betreuer sexuell bedrängt wird. Die TeilnehmerInnen machen sich zunächst mit den benötigten Utensilien (ein kleines Bett mit Decke und Kissen) vertraut. Zur Einführung werden Fragen hierzu gestellt. („Was sind das für Möbel? Wozu brauchen wir die?") Anschließend wird der situative Kontext der geplanten Sequenz erläutert. („Diese Frau hat sich schlafen gelegt. In der Nacht kommt ein Betreuer und berührt ihre Scheide. Die Frau wird hierdurch geweckt, ihr sind die Annäherungen unangenehm. Wie findet ihr das?") Die Szene wird mit den anatomischen Puppen gezeigt, wobei die Hand der männlichen Puppe an die Geschlechtsteile der weiblichen Puppe geführt wird. Mit den TeilnehmerInnen wird die Einschätzung der Situation besprochen. („Das ist nicht in Ordnung, wenn die Frau die Berührung nicht will.") Durch wiederholtes, persönliches Ansprechen aller TeilnehmerInnen („Was hältst du davon?") kann die Gewißheit geschaffen werden, daß die Situation von allen Anwesenden verstanden wird. Anschließend wird der Bezug zur Lebensrealität der TeilnehmerInnen hergestellt. („Wie findest du das, wenn du im Bett liegst und dich jemand bedrängt, obwohl du das nicht möchtest? Ist das in Ordnung?") Es sollen Handlungsmöglichkeiten besprochen und wiederum mit den Puppen vorgeführt werden. („Was könnte eine Frau in dieser Situation unternehmen? – Sie könnte nein sagen, weggehen und später mit einer Vertrauensperson reden.")

Für viele Menschen mit Behinderungen sind Badezimmer und Toiletten keine geschützten Rückzugsräume – vor allem dann nicht, wenn sie in diesen Bereichen auf Hilfestellungen angewiesen sind. Es ist deshalb wichtig zu thematisieren, daß in diesen Räumen unerwünschte Übergriffe möglich sind. Vor diesem Hintergrund ist ein entsprechendes Spielmodell für die sanitären Anlagen sinnvoll. Den TeilnehmerInnen wird zunächst die Gelegenheit gegeben, sich mit diesem Material vertraut zu machen, indem mit den anatomischen Puppen das Duschen, Baden, Waschen oder ein Toilettengang demonstriert wird. Anschließend ist Thema, was Betroffene unternehmen können, wenn sie in diesen intimen Bereichen mißbraucht werden (wenn sie z.B. durch das Fenster beobachtet werden oder solche Situationen für körperliche Übergriffe ausgenutzt werden). Es folgt das Aufzeigen entsprechender Handlungsmöglichkeiten analog den vorangegangenen Beispielen.
In der Arbeit mit TeilnehmerInnen, die sich geistig so weit orientieren können, daß sie die öffentlichen Verkehrsmittel benutzen können, ist die Thematisierung von Übergriffen durch Passanten sinnvoll. Es wird mit den anatomischen Puppen vorgeführt, wie eine Frau in einen Bus einsteigt und sich auf einen Platz setzt. Bald darauf beginnt ihr Sitznachbar, ihr über die Beine zu streichen. Sie mag diese Berührungen nicht. Analog der Vorgehensweise in den vorangegangenen Szenen wird thematisiert, welche Handlungsmöglichkeiten es gibt, um Belästigungen durch Fremde auf der Straße abzuwehren. Zunächst wird darüber gesprochen, wie die Situation zu beurteilen ist. („Es ist nicht in Ordnung, daß die Frau gegen ihren Willen angefaßt wird.") Danach werden Reaktionsmöglichkeiten für die Betroffene behandelt. („Die Frau kann laut und deutlich sagen, daß sie die Berührungen nicht möchte. Sie kann aufstehen und sich einen anderen Platz suchen.")

Während der Durchführung des Trainings ist zu berücksichtigen, daß bei TeilnehmerInnen mit geringer geistiger Behinderung davon auszugehen ist, daß Vorinformationen zum Thema Sexualität und sexueller Mißbrauch vorhanden sind. Da sie sensibel dafür sind, daß es hier um intime Persönlichkeitsbereiche geht, äußern sie eher Bedenken im Hinblick auf das ungewohnte Thema, wenn andersgeschlechtliche TeilnehmerInnen oder TrainerInnen an der Durchführung beteiligt sind. Gleichgeschlechtliche Gruppen sind deshalb von zentraler Bedeutung.

Die Thematisierung sexueller Gewalt

Präventionskonzepte in der Arbeit mit behinderten Menschen von Bonnie O'Day

Bonnie O'Day hat mit Mitarbeiterinnen des „Minnesota Program for Victims of Sexual Assault" (Minnesota Programm für Opfer sexueller Gewalt) ein Curriculum für Hör- und Sehgeschädigte, Körperbehinderte und geistig Behinderte zusammengestellt und in fünf verschiedenen Einrichtungen mit Jugendlichen und jungen Erwachsenen im Alter von neun bis 20 Jahren erprobt. In bezug auf die Art der Behinderung ist die Arbeit auf homogene Gruppen ausgerichtet, damit behinderungsspezifische Bedürfnisse und Fähigkeiten gezielt berücksichtigt werden können. Obwohl für jede Behindertengruppe dasselbe inhaltliche Grundkonzept besteht, ändert sich jeweils der Schwerpunkt der angewandten Materialien (z.B. taktile und auditive Medien bei Blinden) und der relevanten Detailfragen (z.B. einfachere Darstellungsweise in der Arbeit mit geistig Behinderten).
LehrerInnen, ErzieherInnen und andere Berufsgruppen in der Behindertenarbeit sollen sexuellen Mißbrauch in den von ihnen betreuten Schulklassen bzw. Jugendfreizeit- oder Wohngruppen ansprechen. Die Erprobung der Materialien hat gezeigt, daß es dabei hilfreich ist, mit MitarbeiterInnen der entsprechenden Fachberatungsstellen und Initiativen zusammenzuarbeiten, die sich auf dieses Thema spezialisiert haben, und einzelne Diskussionsstunden mit ihnen gemeinsam zu gestalten. Die Thematisierung des sexuellen Mißbrauchs sollte sich möglichst zwanglos in andere Themenbereiche einordnen. Gespräche über Sexualität, über Lebensbedingungen in Familien oder Heimen und über Fragen der Persönlichkeitsentwicklung können die Möglichkeit sexueller Gewalt als einen Teilaspekt beinhalten. Soll sexueller Mißbrauch gezielt behandelt werden, kann der Zugang zu diesem Thema mit allgemeinen Fragen, die verschiedene Alltagssituationen betreffen, erleichtert werden. Aus diesem Grund beziehen sich die von O'Day entwickelten Fragestellungen nicht ausschließlich auf sexuelle Gewalt.
Sexualität ist im Umgang mit Behinderten in der Regel ein tabuisiertes Thema. Von daher ist es ganz entscheidend, nicht nur über sexuelle Gewalt, sondern auch über positive Formen von sexuellen Kontakten und gewünschte Be-

rührungen zu sprechen. Die Persönlichkeit der Beraterin/des Beraters spielt dabei eine wichtige Rolle. Sie/er muß sich selbst mit dieser Thematik auseinandergesetzt haben und insbesondere sexuelle Bedürfnisse von Menschen mit Behinderungen vorurteilsfrei anerkennen. Während vermittelt wird, daß unangenehme Berührungen nicht hingenommen werden müssen, sollte insgesamt eine positive Einstellung zur Sexualität gefördert werden.
Auch O'Day sieht es als ganz entscheidend an, davon auszugehen, daß in jeder Jugendgruppe mit großer Wahrscheinlichkeit Mädchen und Jungen sind, die aktuell von sexuellem Mißbrauch durch einen Familienangehörigen oder Erzieher betroffen sind. Wie Crossmaker weist sie darauf hin, daß im Anschluß an die Gruppenarbeit die Möglichkeit einer persönlichen Aussprache im Einzelgespräch angeboten werden soll und daß regionale Hilfsangebote bekannt sein müssen, die eine weitergehende, unterstützende Betreuung gewährleisten können.

Elternarbeit

O'Day empfiehlt, die Eltern der Mädchen und Jungen während eines Elternabends über das geplante Thema zu informieren. Sie werden hierdurch in die Lage versetzt, selbst mit ihren Kindern über Sexualität und sexuellen Mißbrauch zu sprechen und können gegebenenfalls Fragen beantworten, die in diesem Zusammenhang gestellt werden.
Es ist sinnvoll, während des Elternabends allgemeine Informationen über sexuellen Mißbrauch zu vermitteln und die Eltern dafür zu sensibilisieren, daß auch ihre behinderten Kinder gefährdet sind. Ihnen können verfügbare Materialien (Bücher, Filme usw.) empfohlen werden, und sie sollten einen Überblick über die örtlichen Beratungsstellen bekommen. Auch sollte thematisiert werden, wie sie selbst ihre Kinder ermutigen können, sich gegen ungewollte Annäherungen zu wehren.

Zur Einführung in die Thematik: Unterschiedliche Empfindungen bei Berührungen bewußt machen

In der Arbeit mit Mädchen und Jungen soll als Einstieg in das Thema zunächst vermittelt werden, daß körperliche Berührungen ganz unterschied-

liche Empfindungen hervorrufen können. Die Voraussetzung für die klare Beschreibung sexueller Berührungen ist, daß die Begriffe für die Genitalien bekannt sind und aktiv benutzt werden können. Hierbei ist es sinnvoll, nicht nur die biologischen Bezeichnungen wie Penis, Scheide, Brüste usw. zu verwenden, sondern die Jugendlichen nach ihren umgangssprachlichen Ausdrücken zu fragen. Jugendliche und junge Erwachsene sind in der Auseinandersetzung über Sexualität offener, wenn sie die ihnen vertrauten Begriffe (z.B. Pimmel, Muschi, Möse) einbringen können. Hörgeschädigte können sich mit entsprechenden Zeichen verständigen. Sehgeschädigte können anhand der anatomischen Puppen einzelne Körperteile ertasten und die entsprechenden Begriffe sagen. Eine Hilfe bei der Benennung der Geschlechtsteile kann die Verwendung von Zeichnungen sein, auf denen Männer und Frauen mit ihren Genitalien abgebildet sind. Insbesondere in der Arbeit mit geistig Behinderten sind entsprechende Bildtafeln ein anschauliches Hilfsmittel.
Beispiele für positive Berührungen sind Händeschütteln, Umarmungen, Küsse, Streicheln, Kuscheln, Schmusen oder der Geschlechtsverkehr mit einem Freund bzw. einer Freundin. Es gibt Berührungen, die verwirrend sind, wenn ihre Bedeutung unklar ist und wenn damit eine zweideutige Botschaft vermittelt wird. Unangenehme Berührungen sind z.B. Schläge, Poklapse, unerwünschte Hilfestellungen oder Küsse und sexuelle Annäherungen von Menschen, mit denen diese Nähe nicht gewünscht wird. Solche Berührungen können bewirken, daß die Betroffenen sich unwohl fühlen. Grobes Anfassen kann mit Schmerzen verbunden sein. Bei einigen Berührungen hängt es von den beteiligten Personen oder von der jeweiligen Situation ab, ob sie als negativ oder positiv empfunden werden.
O'Day schildert Beispiele für verschiedene soziale Alltagssituationen, die mit Körperkontakten verbunden sind. Durch bildliche Darstellungen oder in Rollenspielen sollen Jugendliche und junge Erwachsene ermutigt werden, diese Situationen zu reflektieren und sich anschließend zu ihren Gefühlen zu äußern. Dabei wird Wert darauf gelegt, neben den eindeutig einschätzbaren Körperkontakten einzelne Szenen so zu gestalten, daß sie unterschiedliche oder zwiespältige Empfindungen ermöglichen. Ziel ist es zu verdeutlichen, daß es Berührungen gibt, die von jedem Individuum anders erlebt werden und daß die Gefühle jeder/s einzelnen geäußert und respektiert werden sollen. Sexueller Mißbrauch wird während dieser Einstiegsphase noch nicht direkt erwähnt.

Beispiele für Rollenspielsituationen:

- Du warst auf einer längeren Ferienreise und triffst nach langer Zeit deine Freundin/deinen Freund wieder. Ihr umarmt euch.
- Du machst dich für ein Fest zurecht. Deine Mutter/dein Erzieher kämmt dir die Haare, weil sie/er großen Wert darauf legt, daß du gepflegt aussiehst.
- Du sprichst mit einer Freundin, während eine dritte Person kommt, dich antippt und an deinem Ärmel zupft, um dich auf sie aufmerksam zu machen.
- Deine SchülerInnengruppe hat einen Preis gewonnen. Jemand möchte dir Glückwünsche ausrichten und dich dabei in den Arm nehmen. Leute, die du nur flüchtig kennst, küssen dich.
- Während du einen Gang entlanggehst, nähert sich dir ein Junge aus der Parallelklasse von hinten und faßt dir an die Brust.
- Auf der Straße pfeifen dir einige Fremde nach und lachen über dich.
- Du verabredest dich mit deinem Freund/deiner Freundin in der Diskothek. Die Begrüßung ist herzlich, und ihr gebt euch einen Kuß.

Speziell für sehbehinderte junge Frauen und Männer

- Jemand kommt von hinten und legt die Hand auf deine Schulter, ohne dich vorher anzusprechen. Du hast mit dieser Annäherung nicht gerechnet.
- Du möchtest in einen Bus einsteigen. Ein Fremder greift deinen Arm, um dich zu führen, aber er fragt nicht, ob du die Hilfestellung in dieser Situation überhaupt möchtest.
- In der Schule hast du einen netten Jungen/ein nettes Mädchen kennengelernt. Du besuchst sie/ihn am Wochenende zu Hause. Bei der Begrüßung umarmt ihr euch.

Speziell für Mädchen und Jungen mit körperlichen Behinderungen:

- Ein Erzieher streicht über deine Brust, während er dir die Bluse anzieht.
- Du wartest mit dem Rollstuhl vor der Eingangstür eines Kaufhauses auf deine Freundin. PassantInnen glauben, daß du ins Kaufhaus willst und schieben dich durch die Tür.

- Deine kleine Nichte kommt mit deiner Schwester zu Besuch. Das Mädchen setzt sich auf deinen Schoß und schlägt vor, daß du so mit ihr im Rollstuhl spazieren fährst.

Es ist natürlich möglich, weiteres Bildmaterial zusammenzustellen oder eigene Ideen für Rollenspiele zu entwickeln und hierbei insbesondere Situationen zu wählen, die typisch für den Alltag der Jugendlichen und jungen Erwachsenen sind, mit denen jeweils gearbeitet wird.
Die Erfahrung bei der Durchführung der Rollenspielszenen mit den Jugendgruppen zeigt, daß Jugendliche mit Hörschädigungen besonders gut in der Lage sind, ihre Gefühle in den unterschiedlichen Situationen auszudrücken, da es für sie selbstverständlicher ist, durch Körperkontakt oder mit ihrer Körperhaltung zu kommunizieren. Jugendliche mit Körper- und Sehbehinderungen, die permanent auf körperliche Hilfestellungen angewiesen sind, können oft nicht genau sagen, wie sich bestimmte Berührungen für sie anfühlen. Insbesondere Körperbehinderte sind gewohnt, ständige Unterstützung beim Ankleiden, Essen, Baden usw. zum Teil auch durch Fremde anzunehmen. Diese Berührungen sind für sie alltägliche Selbstverständlichkeit, und es ist deshalb für sie schwieriger, positive oder negative Empfindungen klar zu benennen. Für Jugendliche mit geistigen Behinderungen sind die Situationsbeispiele möglicherweise eher verständlich, wenn sie anhand der anatomischen Puppen vorgeführt werden.
Nachdem die Jugendlichen und jungen Erwachsenen dafür sensibilisiert wurden, daß Berührungen unterschiedlich erlebt werden können, sollen sie Informationen über sexuellen Mißbrauch als eine Form von Körperkontakt erhalten, die für die Betroffenen mit unangenehmen Gefühlen verbunden ist.

Wissen über sexuellen Mißbrauch vermitteln

Als Einstieg in die Phase der Informationsvermittlung schlägt O'Day vor, die Jugendlichen und jungen Erwachsenen danach zu fragen, welche Formen sexueller Gewalt ihnen bisher bekannt sind. Viele wissen von Exhibitionisten, von sexistischen Telefonbelästigungen oder von Vergewaltigungen durch Fremde. Im Verlauf der Diskussion soll sexueller Mißbrauch durch Väter, Erzieher oder andere Vertrauenspersonen erläutert werden, wobei die Jugendlichen und jungen Erwachsenen einen Überblick und wichtige Grundinformationen zu diesem Thema erhalten. Dabei sollen folgende Fragen und Stichpunkte auf jeden Fall berücksichtigt und je nach Alter und Entwicklungsstand der Gruppe mit der Verwendung verschiedener Materialien (Romane, Radiosendungen, Zeitungsartikel, Filme, Theater, Betroffenenberichte etc.) bearbeitet werden:

- Was bedeutet sexueller Mißbrauch?
- Wer sind die Mißbraucher?
- Wer sind die Betroffenen?
- Darstellung der Situation der Betroffenen
- Die psychischen Folgen
- Hilfsmöglichkeiten und örtliche Beratungsstellen.

Dabei ist es wichtig, auf Vorurteile und Fehlannahmen einzugehen, die auch von Menschen mit Behinderungen zum Teil unhinterfragt übernommen werden. So wird häufig geglaubt, daß nur „attraktive" Frauen von Vergewaltigungen bedroht sind. Behinderte nehmen deshalb manchmal fälschlicherweise an, daß diese Thematik für sie ohne Bedeutung sei, da sie den ge-sellschaftlichen Schönheitsidealen nicht entsprächen. Von daher ist es wichtig zu verdeutlichen, daß sexuelle Übergriffe nichts mit dem Aussehen der Betroffenen zu tun haben. Auch wird vorausgesetzt, daß Frauen, die sich von einem Blindenhund führen lassen, vor Übergriffen vollkommen sicher seien. Vielleicht hält ein Hund tatsächlich einige Mißbraucher ab, doch O'Day schildert, daß viele sehbehinderte Frauen trotz des Hundes sexuelle Gewalt erfahren.
Besonders Menschen mit Behinderungen, die Zugang zu Radio und Fernsehen haben, internalisieren oft die Vorurteile über die „Mitschuld" des Opfers an Vergewaltigungen, die auch bei Nichtbehinderten vorherrschen. Deshalb ist es wichtig, darauf einzugehen, daß sexuelle Übergriffe nicht durch die Betroffenen provoziert werden, daß sie nicht gewollt sind, keinen Spaß machen und auch nicht phantasiert werden. Gehörlose, die von akustischen Informationen ausgeschlossen sind, äußern diese Vorurteile seltener.
Die Informationsvermittlung muß den Fähigkeiten der Jugendlichen und jungen Erwachsenen mit geistigen Behinderungen angemessen sein. Für sie sind

Bilddarstellungen und Rollenspiele gut verständliche Methoden, so daß hier der Schwerpunkt gelegt werden muß. Statt der ausführlichen theoretischen Informationsvermittlung können die wichtigsten Inhalte in verschiedenen Rollenspielsituationen mit einfachen Worten eingebracht werden.

Verhaltensmöglichkeiten für Betroffene bewußt machen

O'Day schlägt vor, ein vertiefendes Gespräch über die Verhaltensmöglichkeiten der Betroffenen anzuregen, indem anhand von realistischen Fallbeispielen besprochen wird, welche Schwierigkeiten mit sexuellem Mißbrauch verbunden sein können und welche Lösungsmöglichkeiten konkret bestehen (nein sagen, sich unterstützenden Personen anvertrauen, eine Beratungsstelle aufsuchen etc.). Die aufgeführten Fragen sollen dabei nicht stereotyp beantwortet werden, sondern in erster Linie zur Diskussion anregen:

1. Dorothy lebt in einem Behindertenwohnheim. Sie ist körperbehindert und benötigt Hilfestellungen beim Ankleiden, Baden und bei den Toilettengängen. Eines Tages beginnt ein neuer Erzieher, Jack, in der Gruppe zu arbeiten. Er ist bei den BewohnerInnen sehr beliebt. Dorothy versteht sich so gut mit ihm, daß sich andere BewohnerInnen manchmal zurückgesetzt fühlen. Nach einigen Wochen kommt Jack zu Dorothy ins Zimmer, um ihr wie jeden Abend beim Auskleiden zu helfen. Nachdem er ihr den BH ausgezogen hat, beginnt er ihre Brüste zu betasten und stellt fest, „daß sie in der letzten Zeit ganz schön gewachsen sind" und daß er Dorothy „sehr attraktiv" findet. Dorothy beginnt zu weinen.

Fragen hierzu:
- Hat Jack sich richtig verhalten? Warum oder warum nicht?
- Wie mag sich Dorothy an diesem Abend fühlen?
- Was kann Dorothy nach diesem Ereignis tun?
- Was könnte passieren, wenn Dorothy nicht reagiert und den Erzieher weiterhin ihre Brüste begutachten läßt?
- Wie wird Dorothy in einigen Jahren darüber denken, und was wird sie fühlen?

2. Marcia ist 13 Jahre alt. Bis vor kurzem war sie eine gute Schülerin, doch in letzter Zeit verhält sie sich sehr zurückgezogen und schafft es auch nicht immer, ihre Hausaufgaben zu erledigen. Die Lehrerin fragt sie, ob sie Probleme habe, doch Marcia versichert, daß alles in Ordnung sei. Erst nachdem im Unterricht über sexuellen Mißbrauch gesprochen wird, erzählt sie der Lehrerin, daß ihr Vater sie seit mehreren Jahren mißbraucht.

Fragen hierzu:

- Warum erzählt Marcia nicht schon früher, daß sie sexuell mißbraucht wird, sondern erst, als dieses Thema in der Klasse besprochen wird?
- Wie fühlt sich Marcia durch den sexuellen Mißbrauch?
- Was könnte passieren, nachdem Marcia der Lehrerin erzählt hat, was der Vater mit ihr macht? Kann die Lehrerin ihr helfen, den sexuellen Mißbrauch zu beenden? Wer sollte noch benachrichtigt werden?

3. Da Claudia aufgrund ihrer Behinderung die öffentlichen Verkehrsmittel nicht benutzen kann, fährt sie regelmäßig mit einem Behindertentransportunternehmen. Der Fahrer, den sie schon seit längerem kennt, ist sehr freundlich und führt mit ihr persönliche Gespräche. Eines Tages ist sie allein mit ihm im Bus, und er fährt einen Umweg, „um zu tanken", wie er sagt. Claudia wundert sich darüber, daß die Tankstelle so weit außerhalb liegt. Plötzlich hält er an einer abgelegenen Straße an, und sie sieht, wie er die Hose öffnet und sein Glied hervorholt.

Fragen hierzu:

- Ist dies sexueller Mißbrauch?
- Wie könnte sich Claudia in dieser Situation verhalten?
- Soll sie jemandem davon erzählen? Wem?
- Was könnte passieren, wenn sie sich anderen mitteilt?
  Was ist, wenn sie diesen Vorfall für sich behält?

4. David ist 18 Jahre alt geworden und kann jetzt in eine eigene Wohnung ziehen. Er ist körperbehindert und benötigt beim Aufstehen und Zubettgehen Hilfestellungen. Ein Betreuer entkleidet ihn so, daß er ihm dabei über seine Genitalien streichen kann. David fordert ihn auf, diese Berührungen zu unterlassen.

Fragen hierzu:

- Ist dies sexueller Mißbrauch?
- Was könnte David weiterhin unternehmen?
- Sollte dem Betreuer gekündigt werden? Warum oder warum nicht?
- Soll David seinen Freunden davon erzählen? Wie könnten sie reagieren?

Es sollte auf jeden Fall auch über die Frage gesprochen werden, ob und wann es sinnvoll ist, eine Anzeige zu erstatten. Häufig wird angenommen, daß diese Frage für Blinde nicht relevant sei, da sie den Täter nicht identifizieren könnten. O'Day widerlegt diese Annahme, denn die Identifizierung des Mißbrauchers ist nicht nur durch das visuelle Wiedererkennen seiner äußeren Erscheinung möglich, sondern auch das Wiedererkennen der Stimme kann zu einer Identifizierung beitragen. Die meisten sexuellen Übergriffe gehen von Personen des näheren sozialen Umfeldes aus, die der/dem Betroffenen in der Regel bekannt sind.

Schlußbemerkung

Diese Beschreibung der Präventionsmodelle stellt keine fertige Konzeption dar, die in der praktischen Arbeit direkt übernommen werden kann. In den Originaltexten gibt es zahlreiche methodische Anweisungen, die für eine Durchführung der Modelle wichtig sind. Insbesondere O'Day weist auf amerikanische Bücher und Filme hin, die in die Gestaltung von Unterrichtsstunden einbezogen werden sollen.[4] Die Vorstellung der Präventionsmodelle konnte vor diesem Hintergrund nur verkürzt und unvollständig bleiben.

Die Segregation von Menschen mit Behinderungen existiert auf allen gesellschaftlichen Ebenen. Die Bereiche Wohnen, Arbeit, Freizeit, Bildung und das öffentliche Verkehrswesen sind davon geprägt, daß für diese Menschen marginalisierende Sondermaßnahmen institutionalisiert sind. Eine Inanspruchnahme *aller* gesellschaftlichen Einrichtungen durch Menschen mit Behinderungen erscheint in der Bundesrepublik noch undenkbar, während es in einigen anderen Ländern Ansätze zu einer besseren Praxis gibt. In Schweden ist z.B. seit 1976 gesetzlich geregelt, daß Baugenehmigungen u.a. von der Behindertenzugänglichkeit eines geplanten Gebäudes abhängig gemacht werden.

Die Ausgrenzung von Menschen mit Behinderungen spiegelt sich auch im Arbeitsbereich von Projekten zum Thema sexueller Mißbrauch, wo ein emanzipatorischer Anspruch und eine kritische Haltung vorhanden sind. Es fällt kaum auf, daß Menschen mit Behinderungen in der Literatur, in Fernseh- und Rundfunksendungen oder im Rahmen von Fachgesprächen zum Thema sexueller Mißbrauch unerwähnt bleiben. Ich will mit meinem Text Mut machen, sexuelle Gewalt an Menschen mit Behinderungen wahrzunehmen und unter Nutzung der zugänglichen deutschsprachigen Medien und Materialien eigene Ideen zur Arbeit an diesem Thema zu entwickeln.
Wie Velia Stoppa (1991) gehe ich davon aus, daß „Aufklärungsarbeit grundsätzlich den gleichen Anforderungen entsprechen muß, ob sie nun behinderte oder nichtbehinderte Kinder und Jugendliche und junge Erwachsene als Zielgruppe anspricht." Die konkrete methodische Anpassung der Inhalte präventiver Arbeit an die entsprechende Zielgruppe sollte in Zusammenarbeit mit den Bezugspersonen geleistet werden, die im engen Kontakt mit den betreffenden Kindern, Jugendlichen oder Erwachsenen stehen.

Anmerkungen

1 Anmerkung zur Situation in der Bundesrepublik, wo die Auswirkungen der faschistischen Ausrottungspolitik heute noch zu spüren sind: Hier gibt es nur wenige Menschen über 45 Jahre, die von Geburt an behindert sind. Sie konnten in der Zeit des Faschismus in der Regel nur überleben, wenn sie von Angehörigen versteckt wurden. Die nationalsozialistische Ideologie hat immer noch Einfluß: Kürzlich wurde einer Frau in der Berliner U-Bahn von einem Passanten zugerufen, daß sie „mit ihrer Behinderung unter Hitler vergast worden wäre". Nach dem Zweiten Weltkrieg organisierten sich Elterngruppen, um sich gegen die Segregation (= Ausgliederung) ihrer behinderten Kinder zur Wehr zu setzen, und sie erreichten, daß integrative Erziehungsmodelle ins Bewußtsein der Öffentlichkeit gelangten. Trotz dieser engagierten Bemühungen sind Mythen und Vorurteile über die Situation von Menschen mit Behinderungen immer noch weit verbreitet. Ihre Isolation wird trotz zahlreicher integrativer Projekte durch die weiterhin bestehende Institutionalisierung in Form von Sonderschulen, Rehabilitationszentren und Heimen bis heute aufrechterhalten.

2 Eine ähnliche Aussage enthält der französische Film *Tee im Harem des Archimedes,* der im westeuropäischen Raum bekannt ist.

3 Die im folgenden beschriebenen Szenen, in denen Frauen die Hauptagierenden sind, werden entsprechend verändert, wenn sich die Gruppe aus männlichen Teilnehmern zusammensetzt.

4 Beispiele für erfolgreiche Selbstverteidigung von behinderten Frauen finden sich in: Denise Caignon/Gail Groves (Hg.): *Schlagfertige Frauen. Erfolgreich wider die alltägliche Gewalt* (Berlin 1990).

Literatur

Caignon, Denise und Gail Groves (Hg.)
1990: *Schlagfertige Frauen. Erfolgreich wider die alltägliche Gewalt,* Berlin

Crossmaker, Maureen und das National Assault Prevention Center
1986: *Empowerment – A Systems Approach to Preventing Assaults against People with Mental Retardation and/or Developmental Disabilities,* Columbus, Ohio

Fegert, Jörg M. und Marion Mebes (Hg.)
1993: *Anatomische Puppen. Hilfsmittel für Diagnostik, Begutachtung und Therapie bei sexuellem Mißbrauch,* Ruhnmark

O'Day, Bonnie u.a.
1983: *Preventing Sexual Abuse of Persons with Disabilities – A Curriculum for Hearing Impaired, Physical Disabled, Blind and Mentally Retarded Students,* Santa Cruz, Kalifornien

Sgroi, Suzanne M., Judith A. Carey und Amy B. Wheaton
1989: „Sexual Abuse Avoidance Training for Adults with Mental Retardation", in: Sgroi, Suzanne M. u.a.: *Vulnerable Populations,* Band 2, Lexington

Stoppa, Velia
1991: „Zur Prävention", in: *Puls, DruckSache aus der Behindertenbewegung,* Heft 2, April

Bücher und Materialien zum Thema sexueller Mißbrauch sowie anatomische Puppen sind beim Donna Vita Fachhandel erhältlich. Dort können auch englischsprachige Bücher bezogen werden (Adresse siehe Seite 107).

Anne Voss

Wie wir betroffene Mädchen und Jungen bzw. Frauen und Männer unterstützen können

- **Ruhe bewahren**
- **Gesprächsmöglichkeiten zum Thema sexueller Mißbrauch anbieten**
- **Den Betroffenen glauben**
- **Zusammenarbeit mit Fachberatungsstellen anstreben**
- **Schritte zur Beendigung der Mißbrauchssituation einleiten**

Menschen, die von sexuellem Mißbrauch betroffen sind, leben oftmals schon jahrelang in der Mißbrauchssituation und haben notgedrungen Überlebensstrategien entwickelt, um ihren Lebensalltag trotz dieser Belastung bewältigen zu können. Ursula Enders (1990, S. 122) stellt die These auf, daß nicht sie, sondern die Personen, die den Mißbrauch vermuten oder davon erfahren, bei der Aufdeckung in eine akute Krise geraten.
Teilen Mädchen und Frauen oder Jungen und Männer mit Behinderungen sexuellen Mißbrauch mit oder deuten bestimmte Verhaltensweisen, psychische Veränderungen und körperliche Symptome auf das Vorliegen einer Mißbrauchssituation hin, kann dies bei vertrauten Bezugspersonen eine große Verunsicherung auslösen. Der Wunsch, „die schreckliche Situation sofort beenden zu wollen", erzeugt einen Handlungsdruck, so daß die Gefahr unüberlegter Interventionen besteht. In diesem Zusammenhang muß vor überstürzten Reaktionen unbedingt gewarnt werden: Erfährt der Mißbraucher von den Bemühungen der Offenlegung seiner Übergriffe, wird er sofort versuchen, mit Drohungen oder durch Gewalt die/den Betroffene/n unter Druck zu setzen und zum Schweigen zu bringen. Aus Angst vor negativen Konsequenzen nehmen diese bereits gemachte Äußerungen häufig zurück. Leicht gelten sie damit als „Lügnerin" bzw. „Lügner", und in der Konsequenz sind weitere effektive Maßnahmen zur Unterbindung des Mißbrauchs häufig nicht mehr möglich.

Ruhe bewahren

Vor diesem Hintergrund ist es entscheidend, mit Ruhe und Besonnenheit zunächst eine umfassende Aufdeckung zu leisten. Konkret kann dies bedeuten, daß es mehrere Monate dauert, bis genaue Informationen über den Hintergrund des Mißbrauchs bekannt werden, die die Voraussetzung für ein angemessenes Handeln sind. In diesem Zusammenhang ist es sinnvoll, herauszufinden, welcher Art die Übergriffe sind, wie häufig sie stattfinden, wann sie begonnen haben und wer der Mißbraucher ist. Hierbei ist es entscheidend, sensibel für die Gefühle der Betroffenen zu sein und diese nicht zu bedrängen. Kann sich eine Betroffene/ein Betroffener nicht verbal mitteilen, sind andere Kommunikationsformen notwendig. Unter Umständen können anatomische Puppen benutzt werden, um auf diese Weise der/dem Betroffenen zu ermöglichen, Mißbrauchserlebnisse zu zeigen.

Gesprächsmöglichkeiten zum Thema sexueller Mißbrauch anbieten

Die im vorangegangenen Beitrag beschriebenen Präventionskonzepte geben Anregungen dafür, wie zunächst allgemeine Gesprächsanlässe zur Thematisierung sexueller Gewalt genutzt werden können. Betroffenen fällt es wesentlich leichter, sich direkt mitzuteilen, wenn sie wissen, daß andere Personen über dieses Thema bereits informiert sind. Zu sagen: „Mir ist das auch passiert ..." kostet weniger Überwindung, als von sich aus den ersten aktiven Schritt für ein Gespräch über den Mißbrauch zu machen.

Den Betroffenen glauben

Werden Gewalterlebnisse mitgeteilt, ist es entscheidend, den Betroffenen zu glauben und ihre Äußerungen auf keinen Fall anzuzweifeln. Ihnen sollte versichert werden, daß der Mißbraucher die alleinige Verantwortung für die Handlungen trägt und sie selbst keine Schuld trifft. Zukünftige Interventionen müssen mit den Betroffenen abgesprochen werden, wobei ihre Wünsche bezüglich der Art der Hilfsmaßnahmen berücksichtigt werden sollten, ohne daß dabei Versprechungen gemacht werden, die später vielleicht nicht eingehalten werden können.

Zusammenarbeit mit Fachberatungsstellen anstreben

Insgesamt ist es wichtig, sich mit KollegInnen oder anderen Vertrauenspersonen hinsichtlich eines sinnvollen Vorgehens auszutauschen, wobei nach Möglichkeit – gegebenenfalls gemeinsam mit den Betroffenen – auch Kontakt zu einer Fachberatungsstelle aufgenommen werden sollte. In fast allen Großstädten haben sich Projekte (wie z.B. Wildwasser und Kind im Zentrum in Berlin, Zartbitter in Köln und Münster) oder einzelne Sozialarbeiterinnen und Psychologinnen in verschiedenen Frauenberatungsstellen (wie z.B. bei Pro Familia oder in Notrufgruppen) auf diese Thematik spezialisiert.
In Kooperation mit MitarbeiterInnen dieser Einrichtungen können sich die jeweiligen Erfahrungsbereiche ergänzen: Für die hier tätigen KollegInnen, die ExpertInnen für Beratung und Unterstützung in bezug auf das Problem des sexuellen Mißbrauchs sind, bestehen häufig zahlreiche Unsicherheiten im Kontakt mit Betroffenen, bei denen eine geistige und/oder körperliche Behinderung vorliegt. Sie brauchen Informationen über die spezifischen Fähigkeiten und Bedürfnisse der beratungssuchenden Menschen. Es kann z.B. erforderlich sein, vorab die räumliche Zugänglichkeit einer Einrichtung sowie erforderliche körperliche Hilfestellungen zu klären oder auf besondere kommunikative Notwendigkeiten (wie Sprechen mit klarer Aussprache oder Dolmetschen in Gebärdensprache bei Menschen mit Hörbehinderungen) aufmerksam zu machen. Wenn die öffentlichen Verkehrsmittel nicht benutzt werden können und ein Pkw nicht zur Verfügung steht, muß damit gerechnet werden, daß Terminabsprachen nicht pünktlich eingehalten werden können. In Berlin z.B. ist bei Fahrten mit den „Telebussen" für Behinderte zu frühes oder verspätetes Holen und Bringen eher die Regel als die Ausnahme. Es sollten von daher adäquate Wartemöglichkeiten zur Verfügung stehen.
Im Kontakt mit Betroffenen, die eine geistige Behinderung haben, muß berücksichtigt werden, daß sie dem Gesprächsverlauf in einer Beratungssituation in der Regel intellektuell nicht vollständig folgen können und unter Um-

ständen leicht ablenkbar sind. Hier stellt die Anwesenheit von Vertrauenspersonen eine besondere Hilfe dar. Für diese Beratungen muß mehr Zeit als gewöhnlich verfügbar sein.
Leider ist es immer noch üblich, daß Menschen mit Behinderungen in Gesprächssituationen übergangen werden und ihre Begleitpersonen im Vordergrund stehen, wobei auch subtil mißachtende Mechanismen wie z.B. das Vermeiden von Blickkontakt genau wahrgenommen und als verletzend empfunden werden. Es muß selbstverständlich sein, daß Betroffene unabhängig davon, ob eine Behinderung vorliegt oder nicht, ernst genommen werden.

Schritte zur Beendigung der Mißbrauchssituation einleiten

Bevor eine offene Konfrontation des Täters erfolgt, sollte sichergestellt werden, daß Begegnungen zwischen ihm und der betroffenen Person vermieden werden können. Ist der Mißbraucher ein Busfahrer, ein Nachbar oder ein Bekannter, sollten Betroffene darin bestärkt werden, weitere Übergriffe nicht mehr zuzulassen und in der Vermeidung von unangenehmen Wiederbegegnungen in alltäglichen Situationen Unterstützung erhalten. Eine räumliche Trennung kann darin bestehen, daß die/der Betroffene die Familie verläßt, wenn sie/er durch einen Angehörigen mißbraucht wurde, oder daß eine Kündigung ausgesprochen wird, wenn die Übergriffe von einem professionellen Betreuer ausgegangen sind. Damit diese Maßnahmen nicht als strafende Aktionen erlebt werden oder die/der Betroffene sich nicht als Ursache dieser Konsequenzen schuldig fühlen muß, sind intensive vorbereitende Gespräche und eine nachfolgende Begleitung erforderlich. Um sicherzustellen, daß nach einer Kündigung die verbleibenden MitarbeiterInnen parteiliches Verständnis zeigen, ist die Möglichkeit einer Teamfortbildung zum Thema sexueller Mißbrauch in Erwägung zu ziehen.
Wird als Folge des sexuellen Mißbrauchs eine Schwangerschaft ausgetragen, ist es erforderlich, Betreuungsmöglichkeiten für das zukünftige Kind zu schaffen, wenn die Mutter diese Aufgaben nicht vollständig selbst übernehmen will oder kann.

Da im Rahmen dieses Bandes die Schritte zur Unterstützung Betroffener nur sehr allgemein behandelt werden können, wird als weiterführende Literatur hierzu empfohlen:

Enders, Ursula (Hg.) 1990:
Zart war ich, bitter war´s. Sexueller Mißbrauch an Mädchen und Jungen, Köln

Senn, Charlene Y. 1993:
Gegen jedes Recht. Sexueller Mißbrauch und geistige Behinderung, Berlin

Steinhage, Rosemarie 1989:
Sexueller Mißbrauch an Mädchen. Ein Handbuch für Beratung und Therapie, Reinbek

Anne Voss und Monika Hallstein

Forderungen

Es gibt bisher keine speziellen Anlaufstellen für Beratungssuchende zum Thema sexueller Mißbrauch an Menschen mit Behinderungen. Um eine Vertiefung der Diskussion zu ermöglichen und die adäquate Unterstützung Betroffener zu gewährleisten, fordern wir:

- Sexueller Mißbrauch an Menschen mit Behinderungen muß von der Öffentlichkeit bewußt wahrgenommen werden. Diese Thematik muß von den Medien, in der Literatur, im Rahmen von Fortbildungsveranstaltungen etc. einbezogen und mitdiskutiert werden. Es sollte selbstverständlich sein, Menschen mit Behinderungen bei allen Veranstaltungen zum Thema sexueller Mißbrauch als betroffene Personengruppe zu erwähnen. Auf Plakaten, Fotos und in Filmen sollen auch Menschen mit Behinderungen in Erscheinung treten.
- *Alle* Menschen mit Behinderungen müssen die Möglichkeit haben, an sexualpädagogischen Veranstaltungen teilzunehmen. Diese sollten neben den Informationen über partnerschaftliche Beziehungen, einvernehmliche Sexualität, Kinderwunsch, Verhütung, AIDS-Prävention etc. auch Informationen zum Thema sexueller Mißbrauch enthalten.
- Es müssen Materialien zum Themenkreis Sexualität erarbeitet werden, die auf die jeweiligen Fähigkeiten von Menschen mit Behinderungen zugeschnitten sind (Hörkassetten für Blinde, anschauliche Bildmaterialien für Menschen mit geistiger Behinderung etc.).
- Die interdisziplinäre Zusammenarbeit muß intensiviert werden. Insbesondere sollte die Zusammenarbeit zwischen Einrichtungen der Behindertenarbeit (Rehabilitationszentren, Sonderschulen und -kindertagesstätten, Wohnheimen etc.) und den Beratungsstellen zum Thema sexueller Mißbrauch verbessert werden.
- ErzieherInnen, SozialarbeiterInnen, PädagogInnen, PsychologInnen und andere Berufsgruppen müssen sich im Rahmen von Ausbildung und Studium mit den Themen Sexualität und Behinderungen und sexuelle Gewalt

gegen Menschen mit Behinderungen auseinandersetzen können.

- In diversen Bereichen der sozialen Arbeit müssen Möglichkeiten der Fort- und Weiterbildung geschaffen werden.
- Fachleute und Betroffene müssen sich untereinander und gemeinsam zum Thema sexueller Mißbrauch an Menschen mit Behinderungen austauschen und ihre Erfahrungen zusammentragen. Veranstaltungen für Betroffene im Rahmen von Selbsthilfe und Therapie müssen finanziell unterstützt werden.
- Es müssen Beratungsstellen mit dem Schwerpunkt sexuelle Gewalt gegen Menschen mit Behinderungen eingerichtet werden, in denen Fachleute aus der Behindertenarbeit tätig sind, die sich mit der Problematik der sexuellen Gewalt auseinandergesetzt haben. Zu den Aufgaben dieser Beratungsstellen sollten Krisenintervention, das Angebot therapeutischer Begleitung für die Betroffenen, Beratung von Angehörigen, Fortbildungs- sowie Präventionsveranstaltungen gehören.
- Kriseninterventionszentren, Nothilfsdienste und Beratungsstellen müssen für Menschen mit Behinderungen zugänglich gemacht werden (räumliche Zugänglichkeit durch rollstuhlgerechte Baumaßnahmen; MitarbeiterInnenfortbildungen, um Hemmschwellen im Kontakt mit behinderten Menschen zu überwinden).
- Es müssen Zufluchtswohnungen und Wohngemeinschaften für Mädchen und Frauen mit Behinderungen eingerichtet werden, die Schutz vor sexueller Gewalt benötigen.
- Empirische Erhebungen, z.B. in Form von Betroffenenbefragungen, sind notwendig, um eine realistische Einschätzung des Ausmaßes von sexueller Gewalt gegen Menschen mit Behinderungen zu ermöglichen. Die Untersuchungsergebnisse müssen dokumentiert und veröffentlicht werden.

Es ist dringend erforderlich, diese Forderungen in absehbarer Zeit durchzusetzen, da sich jetzt schon abzeichnet, daß sexuelle Gewalt gegen Menschen mit Behinderungen weit verbreitet ist. Bestehende Beratungsstellen, Initiativen und Projekte sind in der Regel so überlastet, daß sie den Themenschwerpunkt „Behinderung und sexuelle Gewalt" nicht adäquat berücksichtigen können.

Weiterführende Literatur

Die mit * gekennzeichneten Titel können bezogen werden beim:

Donna Vita Fachhandel
Postfach 5
D – 2395 Ruhnmark 11
Tel. 046 34/17 17
Fax 046 34/17 02

* Crossmaker, Maureen und das National Assault Prevention Center
  1986: *Empowerment – A Systems Approach to Preventing Assaults against People with Mental Retardation and/or Developmental Disabilities*, Columbus, Ohio

* Dixon, Hilary und Ann Craft
  1993: *Mach dir selbst ein Bild. Bildkartei zur Sozial- und Sexualerziehung von Lernbehinderten*, Mühlheim a.d. Ruhr

* Dixon, Hilary
  1990: *Sexuality and Mental Handicap. An Educators Resource Book*, Wisbech Camb (Arbeitsbuch zum Thema Sexualität)

* Fegert, Jörg M. und Marion Mebes (Hg.)
  1993: *Anatomische Puppen. Hilfsmittel für Diagnostik, Begutachtung und Therapie bei sexuellem Mißbrauch*, Ruhnmark

* Hentschel, Gitti und Claudia Strauven
  1992: *Ich hätte gern, daß Sie mal fragen, wie ich damit lebe. Ein Hörbild zum Thema sexueller Mißbrauch*, Berlin/Ruhnmark

Kontakt- und Informationsstelle der I.M.M.A. e.V. (Hg.)
  1991: *Arbeit mit behinderten Mädchen und jungen Frauen. Ergebnisse einer Fachtagung (11/91).*
  Die Broschüre enthält u.a. Beiträge und eine Literaturliste zum Thema „Sexuelle Gewalt gegen behinderte Mädchen und Frauen". Sie ist zu beziehen über:
  Kontakt- und Informationsstelle der I.M.M.A. e.V., Jahnstr. 38, 8000 München 5

* O'Day, Bonnie u.a.
  1983: *Preventing Sexual Abuse of Persons with Disabilities – A Curriculum for Hearing Impaired, Physical Disabled, Blind and Mentally Retarded Students*, Santa Cruz, CA

Puls, DruckSache aus der Behindertenbewegung
1991: *Sexuelle Ausbeutung I + II.*
Die Bände sind vergriffen, die wichtigsten Artikel wurden jedoch in der Broschüre *Sexuelle Ausbeutung bitterzart* herausgegeben. Zu beziehen bei:
Ce Be eF Schweiz, Club Behinderter und ihrer FreundInnen, Hard 5,
CH-8408 Winterthur, Tel. 052/251433
* Senn, Charlene Y.
1993: *Gegen jedes Recht. Sexueller Mißbrauch und geistige Behinderung,* Berlin/ Ruhnmark
* Sgroi, Suzanne M. u.a.
1989: *Vulnerable Populations,* Band 2, Lexington

Anmerkung

Es gibt im Strafgesetzbuch (StGB) im Rahmen der Strafgesetze bezüglich der Straftaten gegen die sexuelle Selbstbestimmung den § 179, der sich speziell auf „sexuellen Mißbrauch Widerstandsunfähiger" bezieht (Quelle: StGB, Beck Texte, München 1991, S. 92).

§ 179. Sexueller Mißbrauch Widerstandsunfähiger.

(1) Wer einen anderen, der

1. wegen einer krankhaften seelischen Störung, wegen einer tiefgreifenden Bewußtseinsstörung oder wegen Schwachsinns oder wegen einer schweren anderen seelischen Abartigkeit zum Widerstand unfähig ist oder
2. körperlich widerstandsunfähig ist,

dadurch mißbraucht, daß er unter Ausnutzung der Widerstandsunfähigkeit außereheliche sexuelle Handlungen an ihm vornimmt oder an sich von dem Opfer vornehmen läßt, wird mit Freiheitsstrafe bis zu fünf Jahren oder mit Geldstrafe bestraft.

(2) Wird die Tat durch Mißbrauch einer Frau zum außerehelichen Beischlaf begangen, so ist die Strafe Freiheitsstrafe von einem Jahr bis zu zehn Jahren, in minder schweren Fällen Freiheitsstrafe von drei Monaten bis zu fünf Jahren.

Kontaktadressen

Es soll ein *internationales feministisches Netzwerk gegen sexuelle Gewalt an behinderten Frauen* gegründet werden. Initiatorinnen und Koordinatorinnen sind:

Aiha Zemp
Rifferswilerstr. 2
CH – 8915 Hausen a/A

Theresia Degener
Münstererstr. 1
6000 Frankfurt/Main 1

Berliner Arbeitskreis Geistige Behinderung und sexuelle Gewalt
Der Arbeitskreis wurde 1989 bei Pro Familia Berlin gegründet und richtet sich an Professionelle. Seit 1991 gibt es auch eine Berufsgruppe.

Pro Familia
Gotzkowskystr. 8
W – 1000 Berlin 21

Die Autorinnen

Pamela Bauer: Jahrgang 1964, verheiratet, seit 1989 Beschäftigungstherapeutin in einem Heim für Kinder mit einer geistigen Behinderung.

Angela Fumagalli: Jahrgang 1954, Sozialarbeiterin, z.Zt. bei Rad und Tat (RuT) – Offene Initiative Lesbischer Frauen e.V. in Berlin beschäftigt; Angela Fumagalli ist von Geburt an blind.

Monika Hallstein: Jahrgang 1941, Sexualpädagogin und Familientherapeutin; Mitarbeiterin der Pro Familia Berlin und in freier psychologischer Praxisgemeinschaft; seit Ende 1992 Begutachtung und fachliche Betreuung eines Projektes der Freien Universität Berlin zur Problematik des sexuellen Mißbrauchs von Menschen mit einer geistigen Behinderung.

Gabi Jeuck: Jahrgang 1959, Dipl.-Sozialarbeiterin und Gestalttherapeutin; von 1987 bis 1993 in der Beratungsstelle von Wildwasser e.V. Berlin tätig.

Gabriele Knapp: Jahrgang 1960, Dipl.-Musiktherapeutin (FH) und Diplompädagogin, Studienschwerpunkt: Feministische Frauenforschung, strukturelle Gewalt; Berufserfahrung im sozialpsychiatrischen Bereich, mit autistischen Kindern und in der Erwachsenenbildung; z.Zt. Promotion über „Musik in Auschwitz".

Sigrid Kwella: Jahrgang 1960, studiert Sozialarbeit in Berlin; seit ein paar Jahren verheiratet und Mutter zweier Söhne (4 und 8 Jahre alt).

Esther Simon: Jahrgang 1960, seit 1985 Beschäftigungstherapeutin in einem Rehabilitationszentrum für Menschen mit geistigen und/oder körperlichen Behinderungen.

Anne Voss: Jahrgang 1957, Sozialarbeiterin und Psychologin, Berufserfahrung in unterschiedlichen Tätigkeitsbereichen (Frauenhaus in Großbritannien, Behindertenarbeit, Betreuung von Kinder- und Jugendwohngruppen im Heim, Drogenarbeit in den Niederlanden). Mitinitiatorin von Wildwasser Berlin e.V. (Selbsthilfe/Öffentlichkeitsarbeit), Mitarbeiterin in der Zufluchtswohnung für sexuell mißbrauchte Mädchen.

Aiha Zemp: Jahrgang 1953, lic. phil.I, Psychotherapeutin mit eigener Praxis in Hausen/a.A. (bei Zürich), geboren mit einer körperlichen Behinderung. Begleitet seit 1982 in ihrer Praxis Frauen und Männer, die in ihrer Kindheit sexuelle Gewalt erleben mußten. Seit zwei Jahren Öffentlichkeitsarbeit zum Thema sexuelle Gewalt gegen Menschen mit Behinderungen. Außerdem als Referentin in Weiterbildungskursen tätig und als Feministin gegen die Gen- und Reproduktionstechnologien engagiert.